紫禁城悦读

天子的游戏

程子衿◎主编

故宫出版社
The Forbidden City Publishing House

引言

对中国皇帝来说，娱乐是一种无可遏制的追求和活动，是其本能冲动和欲望所致。巍峨宫墙造成的中国宫廷的封闭性，以及礼仪制度所形成的约束性，使得宫内的皇帝及其家庭成员和内臣有一种强烈的压抑感，为了抗拒这种压迫感，便在宫中极尽娱乐和奢华，常使庄严肃穆之宫，一变而成欢乐之场。

玩具，自古以来便是人类生活不可或缺的一个部分，也是传统艺术的一大品种。中国历代玩具的类型多不胜数，或充满浓厚的地方生活色彩，或带着强烈的时代特色。它以形象化的方式，表达出古老的中华文明的各个方面，传递着传统文化的内涵。中国人的世界观、人生观、审美理想、艺术品位，以及中国传统文史典故、戏曲、传说和地方山川风物、传统风俗，都从玩具中体现出来。传统玩具的另一大重要作用，还在于它把促进人们身心健康发展、启迪智慧的功能贯穿于“寓教于玩”“寓教于乐”之中，使中华文化以娱乐方式，渗透和传播到人们的日常生活中。使人们通过玩玩具增长知识、感知世界。可以说，玩具是一种独特的文化内容和文化形式，是人的一种独特的教育和文化传播工具，推动了社会的进步。

目录

皇上怎么玩

中国宫廷的游戏与娱乐

皇帝拥有帝国最高权力，可以在娱乐上穷奢极欲，然而在以儒家为官方意识形态的背景下，皇帝的游乐权力受到相应的制约，有时受到严重的束缚，无复生人之乐。观察中国宫廷的娱乐，可以窥透中国传统社会的特征与实质。

在历代宫廷中，音乐舞蹈都是必不可少的娱乐项目。西汉宫中，协律都尉李延年的妹妹“一顾倾人城，再顾倾人国”的绝美长相和舞蹈，使汉武帝为之倾心相悦。唐代长安宫中，杨玉环以一支《霓裳羽衣舞》，让唐玄宗痴迷不已。正像白居易《长恨歌》中所描述的：“轻歌曼舞凝丝竹，尽日君王看不足。”

五代 顾闳中 韩熙载夜宴图卷（局部）
绢本设色 全卷纵 28.7 厘米 横 335.5 厘米 故宫博物院藏

从汉武帝到陈后主，从唐明皇到宋徽宗，都对音乐舞蹈听不厌，观不倦。

戏剧的早期形式是俳优戏，五代时在宫中开始流行。后唐庄宗李存勖最喜爱俳优戏，常以票友身份粉墨登场，与优伶同嬉。宋代，杂剧和南戏兴起，杂剧则成为宋代宫廷教坊音乐十三部中的唯一“正色”（耐得翁《都城纪胜》）。徽宗在亲王大臣入宫为其祝寿时，令人搬演杂剧以招待众臣（吴自牧《梦粱录》）。清代京剧兴起后，宫中娱乐须臾不可离。

杂技魔术主要出现在汉唐宫廷。唐睿宗对来自西域婆罗门

图示此段所表现的是歌姬戏乐吹奏及表演唐代软舞“六幺”舞的情景。

国的杂技表演颇为着迷。白居易在《立部伎》一诗中，描写了唐代宫廷的杂技娱乐盛况："立部伎，鼓笛喧。舞双剑，跳七丸。嫋巨索，掉长竿……"

至于诗文书画娱乐，主要是像魏武帝、唐太宗、宋徽宗、明宣宗这样有才情技艺的爱好者的休闲活动。对于长期闷处宫

宋　佚名　杂剧册页之"眼药酸"
绢本设色　纵 23.8 厘米　横 24.5 厘米　故宫博物院藏

宋　佚名　杂剧册页之“打花鼓”

绢本设色　纵 24 厘米　横 24.3 厘米　故宫博物院藏

以上两幅图均为散册，无题识作者，有学者考证定名为“眼药酸图”和“杂剧图”。酸、孤、旦是宋“官本杂剧”的三个角色名称。“眼药酸”图左一人扮作“眼医”，头戴皂色高帽，着橙色宽袍，伸出右手，食指直立，拇指朝前，对着右边人物，全身挂满绘有眼睛的“幌子”，斜背药袋上更装饰突出大眼，似是江湖郎中打扮；另一人物左肩负“杖”，腰后插一破扇上草书“诨”字，头巾扎作冲天状，圆领青衫，衣角扎入腰带，袖捋至肘有意露出手臂的“点青”，一副市井打扮。“酸”字一般指秀才士子咬文嚼字却不通世情的腐儒行径。“打花鼓”图中右侧人物腰后亦别一扇，上书“末色”二字。

中的大多数帝王后妃来讲，体育娱乐无疑是他们锻炼身体和愉悦身心的绝佳手段。

角抵戏（后称相扑）是宫中较早出现的娱乐形式。周天子每于孟冬之月都要观阅将帅角力。秦武王和秦二世都在宫中欣赏过角抵表演。好大喜功的汉武帝对角抵戏最为偏爱。元封三年（前 108 年）春天，他在长安举行了一场大规模的角抵比赛，结果三百里内无论官民男女，皆来观看，万人空巷。魏武帝曹

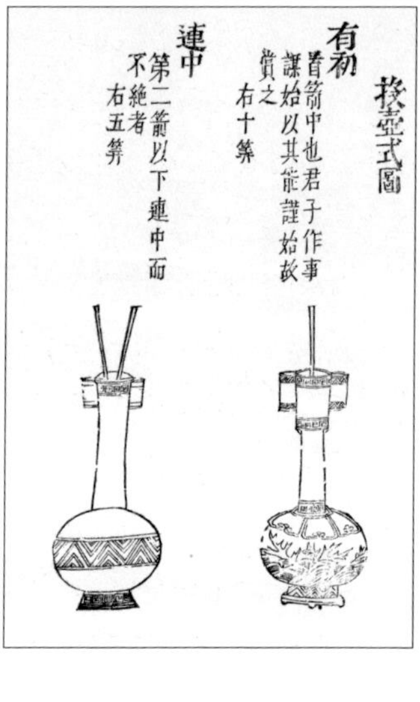

明 王圻《三才图会》（乾隆刊本）内页明版刻图绘之“角抵图”及“投壶式图”

清 佚名 塞宴四事图横轴(局部)

操下令将角抵相扑列入百戏之中，作为王宫必备的娱乐活动。吴国末帝孙皓尤爱看女子角抵，令宫女头戴“金步摇”，裸体相扑。后赵皇帝石勒、北魏皇帝拓跋珪等北方游牧民族的统治者更是喜爱角抵之戏。

投壶是流行于春秋至南北朝时期宫廷中的一种娱乐形式。春秋时期，晋侯因为齐侯来访，令大臣中行穆子与齐侯相互投壶以助酒兴。汉武帝对于精研投壶技术的郭舍人厚则赐金帛等物（葛洪《西京杂记》）。魏文帝曹丕与王弼、邯郸淳等著名文士投壶取乐。南齐武帝萧赜曾特召高手柳恽入宫投壶。

球戏（蹴鞠、马球、踏球、捶丸）运动是宫廷娱乐的重要形式。蹴鞠（踢足球），从西汉至明朝，都是宫中不可或缺的娱乐活动。汉武帝、成帝都极好此，武帝游观三辅离宫时曾蹴鞠为乐。魏武帝曹操常将蹴鞠手孔桂带在身边，随时观其踢球（《太平御览》）。唐宋宫中，蹴鞠之风依然不减。宋太祖赵匡胤、徽宗赵佶都迷上了蹴鞠。徽宗因高俅善鞠而将他要到身边，扶其青云直上。《朱瞻基行乐图》长卷描绘了明宣宗朱瞻基观赏侍臣踢足球的场面。马球主要流行于唐代宫中，长安宫城内的球场亭、西苑的梨园、大明宫的东内苑、龙首池（填池而成的球场）、麟德殿、清思殿、中和殿以及飞龙院、雍和殿等处都筑有球场。太宗曾派人到西蕃学习打马球的技术。高宗因头晕病不善此道，但其太子李贤却极爱马球运动。中宗李显酷爱马球导致“风俗相尚”（《资治通鉴》卷二〇九）。玄宗、宪宗、穆宗、敬宗、武宗、宣宗和僖宗都热爱马球娱乐。尤其是唐宣宗李忱，每月都要与王侯们在宫中打马球，且球技颇高。宋代时，马球仍在宫中盛行。太宗、神宗颇爱打马球，但到了宋徽宗时，风气萎靡，竟将马改为驴子（孟元老《东京梦华录》卷七）。此外，

明　王圻《三才图会》（乾隆刊本）内页明版刻图绘之“蹴鞠图”

唐代宫中还盛行踏球，这是西域传入带有杂技特色的艺术体操，让宫女站在球上，旋转如风而足不离球。《乐府杂录》称："舞有骨度舞、胡旋舞，纵横腾踏，两足终不离球子上，其妙如此。"捶丸则是盛行于宋、金宫中类似高尔夫球的游戏。

棋戏（围棋、象棋、弹棋）是活动大脑的运动，在历代宫中都很流行。汉高祖刘邦曾与戚夫人在雕房北门的竹阴下围棋共娱。晋武帝司马炎技痒难耐，经常缠着中书令张华与之对弈，甚至连前线军情急报都顾不上拆阅。宋武帝刘裕、文帝刘义隆、明帝刘彧、齐高帝萧道成、武帝萧赜、梁武帝萧衍等都好此道，

五代　周文矩　重屏会棋图卷
绢本设色　纵 40.3 厘米　横 70.5 厘米
故宫博物院藏
图中可见五代时人下围棋景况，屏前还置一投壶。

清　佚名　奕詝孝钦显皇后弈棋图轴（局部）
绢本设色　纵 235 厘米　横 144.3 厘米　故宫博物院藏
奕詝、孝钦显皇后，即咸丰皇帝及慈禧。

他们经常将围棋高手召进宫来对弈，还将围棋高手评定品级，分为九品，或将围棋棋局制成棋谱。唐高祖、武则天、玄宗、僖宗等都喜下围棋。玄宗曾与围棋名将王积薪对棋，称棋盘为“方亭侯”。安史之乱爆发后，他仓皇逃往四川，顾不上文武大臣，却不忘带走棋待诏（围棋手）。南唐君主李璟、李煜也下得一手好棋。宋太宗听说潘慎修善弈，便将其召进宫来共弈，觉得找到知音（《宋史·潘慎修传》)。宋徽宗痴爱围棋,吟有“忘忧清乐在枰棋”诗句。明太祖曾召围棋名将相子先和楼得达入宫对弈，赏胜者冠带，燕王朱棣受父命与相子先对弈，竟赢了两局。清代康、雍、乾诸帝尚好围棋。象棋是对军事战争的模仿，起源很早，但直到唐宫廷才开始流行。据传北周武帝宇文邕爱下象棋，曾制《象经》为百僚讲解象棋之法。到唐太宗时，召太子洗马蔡元恭和吕才二人破解《象经》，唐朝宫廷终于多了此项娱乐。武则天就酷爱下象棋，曾自创“大胜棋谱”（潘自牧《记纂渊海》)。玄宗与杨贵妃也常对弈象棋。到了明代，明仁宗朱高炽在做太子时即爱下象棋，一次与人对弈连赢数局，高兴之余还令状元曾棨赋诗：“两军对敌立双营，坐运神机决死生……兴尽计穷征战罢，松阴花影满棋枰。”（《坚瓠集》四集）清代乾隆时期象棋仍在宫廷盛极一时，帝后臣公都精通此道，但清朝后期却不再流行。

清 郎世宁 竹荫西猞图轴

宫中豢养动物，或狮、虎、豹、熊、大象、长颈鹿等以供观赏，或

清　贺清泰、潘廷章　贡象马图卷（局部）
绢本设色　全卷纵 40.8 厘米　横 318 厘米　故宫博物院藏

放鹰、赛狗、斗鸡、斗蟋蟀以供游乐。郑和下西洋后，永乐和宣德宫中曾豢养诸多由西洋、南洋进贡的珍禽异兽（如麒麟即长颈鹿、大象、驼鸟等），但这些动物皆渐遣散或死亡，宫廷动物娱乐转向斗鸡、斗蟋蟀等。斗鸡早在西周宣王时便流行于宫中。汉成帝刘骜酷爱斗鸡，曾从交趾等郡获得几只长鸣鸡，不仅每次鸣叫都与时计刻漏分毫不差，而且英勇善斗，深得成帝喜爱，其微服私游时便带着斗鸡随时戏玩。南齐皇帝萧昭业曾密令郡县贡鸡入宫竟达数千只（《南齐书·本纪》）。唐代宫中斗鸡之风更盛，李白“斗鸡金宫里”的诗句便是对其盛况的描写。玄宗在大明宫和兴庆宫之间修建鸡坊，畜养上千只斗鸡。斗蟋蟀从唐至清在宫廷经久不衰。唐代宫内的嫔妃们喜欢在秋

两象分别为驯远象、伏柔象；二马为紫云騢、凤臆騣。

天养蟋蟀，用小金笼装着，放在枕边听其鸣叫；而宫内的小皇子则让蟋蟀相斗取乐。南宋理宗赵昀也好此不疲，常与宰相贾似道相互斗蟋蟀取乐。明宣宗朱瞻基尤爱此道，而南明弘光帝朱由崧偏安南京后竟也曾一掷千金豪赌斗蟋蟀……

清　艾启蒙、方琮　额摩鸟图页

宫廷娱乐的种种，还远不止上述内容。

花样繁复前已述及，而皇帝举全国之力，不惜工本地大兴娱乐，其游娱往往呈现规模宏大、气势恢宏的特点。汉武帝时，常在长安禁苑上林苑举行大规模的娱乐活动，其中有“鱼龙曼延”“画地成川”等节目。武帝坐在平乐观中，用华丽帐帷隔成包厢，凭靠玉石茶几，拥盖翡翠色被子，居高临下地观看演出。其中大型百戏幻术“鱼龙曼延”曾令武帝大开眼界。“曼延”是舞弄彩扎巨兽（巨鳌、大鳖），而藏于腹中的演员操动巨鳌并瞬间释放彩扎神山于巨鳌背上，令观众目瞪口呆；而“鱼龙”则是表演一整套由鱼到龙的幻化过程，首先出现的瑞兽“猞猁”口吐金块，欢腾地跳入水池，不断激起浪花，瞬间瑞兽消失，突现眼前，变成“比目鱼”，游戏跳跃抬头喷水，水雾弥漫天昏地暗，此时节目达到高潮，只见一条近三十米长的“黄龙”跃出水面，令人震撼（据班固《汉书·西域传赞》、张衡《西京赋》）。隋大业二年，突厥可汗染干入朝，

东汉画像砖中舞“鱼龙曼延”的形象

隋炀帝在芳华苑积翠池畔举行了一场百戏演出，其中就有大型幻术“黄龙变”“神鳌负山”等，气势之雄伟“旷古莫俦”，使得“染干大骇”（《隋书·音乐志下》）。大业十二年，隋炀帝在景华宫下令数千人出外捉萤火虫数斛，入夜，与嫔妃一起来到山上，一声令下，成千上万只萤火虫顿时飞出，亮若繁星，光遍岩谷……这种大型娱乐活动，只有宫中才能举办，民间无力企及。而宫廷娱乐活动的参与者，常常是从全国遴选出来的一流演员、棋手、球员和诗人等，使宫廷娱乐呈现档次高的特点。当民间艺人声名鹊起的时候，皇帝和后妃常将他们请进宫中演出。清代京剧在北京盛行时，宫中便延请那些名角为皇帝或太后表演。喜欢下棋的帝王，也从民间选出水平最高的棋手入宫陪玩。魏武帝曾专门约请当时的围棋名将冯翊、山子道、王九

清　张恺等　普庆升平图卷（局部）

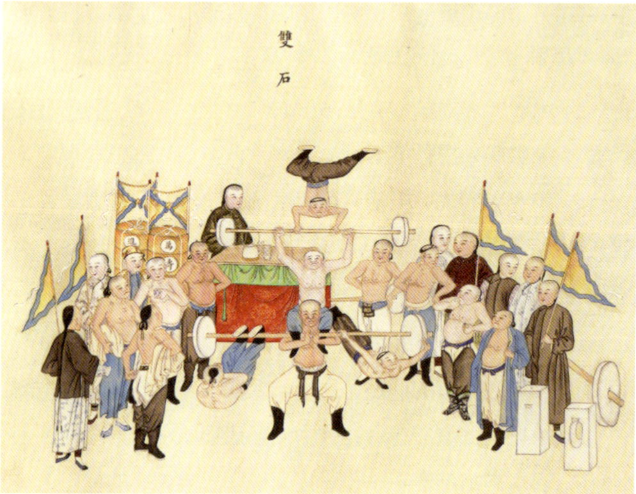

清　张恺等　普庆升平图卷（局部）

真和郭凯入宫下棋（张华《博物志》）。南朝宋武帝刘裕嗜棋成癖，曾请获得围棋大赛第二名的羊玄保陪其下棋；明帝刘彧虽棋艺很糟，却要求与围棋第一品的王抗对弈。唐玄宗曾将最著名的诗人李白召入宫中，为帝妃写诗唱和……宫廷娱乐借皇权之力，集民间大成，故能在花样、规模、品质和档次上，超越民间，形成自己的鲜明特色。

帝王是国家的最高统治者和政府的行政中枢，日理万机，处在高度紧张的状态下，在宫廷中需要开展一些适度的娱乐项目，才能调节皇帝劳瘁的身心，愉悦其紧张的精神，适当的宫廷娱乐不仅具有正当性和合理性，而且也颇具情趣。

唐敬宗曾创“风流箭”的游戏，是以纸做成箭，竹皮做成弓，纸箭中密贮龙麝末香，每当宫嫔群集时，便用箭向人群射去，中箭的人浓香触体，没有一点疼痛，宫女们作谣道:“风流箭，中的人人愿。”

唐玄宗夏日与亲王对弈，杨贵妃从旁观战，怀里抱着宠物狗“康国子”，心则随玄宗棋局吃紧而高悬，眼看“三郎”将输，调皮的玉环竟把康国子驱上棋盘，结果棋局大乱，解了“三郎”之围（《酉阳杂俎》卷一）。

充满生活情趣的娱乐活动，令皇帝后妃们欢笑不断。寓娱乐于政事之中，也是适当和适度的典型。清朝帝王在木兰围场经常举行围猎活动，虽然属于游乐，但因与保持满洲骑射传统、不忘武备的目的相结合，而更具正当性。

皇帝的娱乐求新求变，日新月异，促进各项娱乐游戏的创新与发展，也是“正能量”的表现。据《旧唐书》载，武则天曾亲自排演“舞之行列必成字”的《圣寿乐》，宫女们在舞蹈中以身俯地排成各种字样。这作字如画的舞蹈是唐代宫廷娱乐的创新之作。清宫廷更将传统蹴鞠与冰嬉结合，首创冰上蹴鞠于太液池竞赛。

宫廷娱乐形式并非总由宫廷独创，但一旦进宫，便迅速

清　金昆、程志道、福隆安合绘　冰嬉图卷（局部）
绢本设色　全卷纵 35.2 厘米　横 581 厘米
故宫博物院藏

清　冰鞋
故宫博物院藏

放大影响全国。当今风行世界的足球和高尔夫球，就是由中国人最先发明的。早在《战国策》中就有“蹴鞠”的记载,“蹴”有“踢”之意,而“鞠”即为球。汉时蹴鞠所踢之球为实心球，唐代改为有球皮和球胆的充气皮球。唐徐坚《初学记》云:“鞠即球字，今蹴鞠曰戏球。古用毛纠结为之，今用皮，以胞为里，嘘气闭而蹴之。”蹴鞠规则与现代足球大致相似，可以算是足球的前身。据《文献通考》卷一四七载：“植两修竹，高数丈，络网于上，为门以度球。球工分左右朋，以角胜负。”唐朝在长安大明宫、梨园、华清池都修建了蹴鞠场地。唐代的“步打球”则可谓高尔夫的前身，是把马球从马背搬到地上进行，以步代骑，球员手执偃月形的曲杖，推击球丸，射入球门。北宋时，又将这曲杖球的对抗性减弱，将射球入门改为推球入洞，于是西方所谓的“高尔夫球”便在中国产生了，当时它被中国人称之为“捶丸”。捶丸一般是在旷地上画一球基，离球基数十步至百步，作一定数目的球窝，旁树彩旗，用下端弯曲、画有彩纹的球棍从球基击球到球窝。球窝中放入锦囊，球掉进去后只要一提锦囊就能取出。在北宋的禁苑艮岳中，便有这种游戏，深受徽宗喜爱（《丸经》）。

宫廷娱乐还有对内劝诫，对外调理外交之功用。后赵皇帝石勒在宫中观赏参军戏，特地让因贪污绢布而下狱的官员周延当俳优，戴介帻，穿黄绢衣，出演丑角。同台优伶逗他：“你

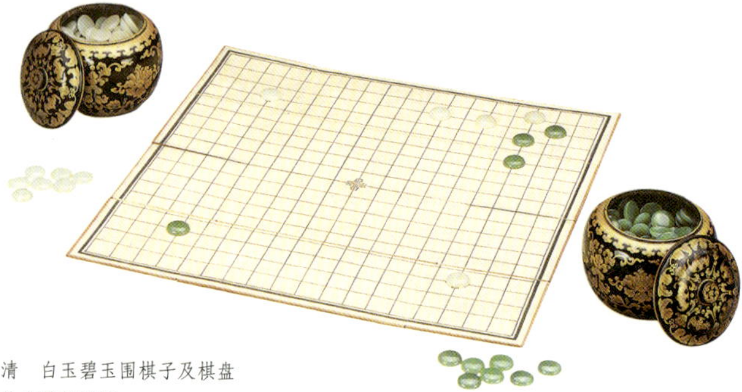

清　白玉碧玉围棋子及棋盘
故宫博物院藏

本是官，怎么在我辈当中？”周延知趣地抖抖身上的绢衣说：“我本是馆陶县令，正因为取了它，所以落到了你们当中。”以此警戒在座群臣。明代戏子阿丑，也通过演出醉汉不怕皇帝却怕大宦官汪直的小品，令宪宗对汪直弄权产生警觉。

宫中娱乐活动，或表现帝国的尊严，或与外国联络感情。唐景龙年间，吐蕃遣使迎金城公主，中宗在梨园请吐蕃使团观赏马球。吐蕃使者尚赞咄提出让善球的部下与唐宫马球供奉比赛。中宗乃令供奉与之对打，结果吐蕃每局皆胜。中宗便改令临淄王（后来的玄宗）与嗣虢王邕、驸马杨慎交、武秀等四人与吐蕃四人对打。临淄王“东西驱突，风回电激，所向无前，吐蕃功不获施”（《封氏闻见记》卷六）。

具有随意、轻松和私人性的娱乐，可以联络感情，起到正式途径难以达到的外交作用。北宋太宗欲怀柔吴越国王钱俶，听说他病了，便派宦官送去了一副文楸棋盘及水晶棋子，并谕旨一封："朕机务之余，颇曾留意棋道，卿今有闲暇，可用此消遣。"(《宋史》卷四八〇）结果感化钱俶,最终使他归顺大宋。

某些皇帝为了娱乐，不惜破坏礼制。南齐皇帝萧昭业在前往父亲的陵墓崇安陵谒陵时，竟在墓道里掷土块、赌跳作乐。沉迷丧志的例子亦不在少数，唐代宗、穆宗和敬宗都痴迷戏剧难以自持。以穆宗李恒为例,竟日观杂剧百戏,玩乐之瘾难耐时,三日一幸左右神策军蹴鞠，或到宸晖、九仙等门观看戏剧和角抵表演。平日亦"倡优在侧，驰骋无度"。明武宗朱厚照生性顽劣，在太监刘瑾的诱导下，飞鹰走狗，歌舞角抵，跃马操弓，捕鱼玩兽，无所不为。为了北游宣府、大同、太原和延绥，不惜甩开群臣,溜出居庸关。后以镇压宁王叛乱为由,下南京游玩,迁延不回，影响了朝政。

有些皇帝爱屋及乌、将官职或厚赏随意授赐，视国家之事为儿戏。宋武帝刘裕嗜棋成癖，围棋高手羊玄保陪其下棋，一局胜之被升为宣城太守。而周幽王为博褒姒一笑烽火戏诸侯的例子更为大家熟知，周幽王的"儿戏之心"最终导致西戎攻打到家门时无人救驾，身死国灭。北齐后主高纬娱乐至死，作歌曲《无愁》，被称为"无愁天子"。为了让宠爱的冯淑妃观赏攻城过程，快要攻陷平阳时竟下令停止，待冯妃梳洗打扮姗姗而来时，北周军队早就加强了城防，最后北齐被后周所灭，高纬也作了俘虏。隋炀帝也是极意娱乐的典型，《隋书·音乐志》说他“大制艳篇，辞极淫绮”，谱成《投壶乐》《舞席同心髻》《玉女行觞》《斗鸡子》《斗百草》《泛龙舟》《还旧宫》等曲，“掩抑摧藏，哀音断绝，帝悦之无已”。为了下扬州游玩，开挖运河，沿岸种柳，并大造龙舟虚耗了国力，结果众叛亲离，自己也被杀于扬州。

宫廷娱乐负能量的极端表现，则是那些反人类、反文明变态残暴的“娱乐”被“创造”出来。三国时吴末帝孙皓，将散骑常侍王蕃的头割下来，令心腹之人抛向空中，让其他随从装成虎狼争抢以戏。北齐文宣帝高洋来到李皇后的家中，见出迎的岳母崔氏忙碌的样子好玩，以鸣镝射之为乐。南齐皇帝萧宝卷，常在三四更时带领五百无赖小儿来往奔跑取乐，沿途击鼓放火驱赶所过人家，老少逃散，啼号呼叫，萧宝卷在火光中面对种种惨象竟乐不可支……看来，在儒家伦理动摇、乱世纷纷的南北朝时期，帝王们产生了人生无常和及时行乐的观念，为了娱乐，不惜动用一切手段，达到疯狂野蛮、骇人听闻的程度。

皇帝是帝国的最高统治者，拥有绝对的政治权力，如果没有制约机制的话，那么上述的残暴娱乐就会不断发生，而这无疑会危及帝国安全。为长治久安计，中国君主专制制度选择了儒家思想作为帝国意识形态，对皇帝的娱乐行为进行制约。在程朱理学盛行的明清时期，皇帝的娱乐甚至还会遭到严格的管束和禁止。“动必以礼”，合乎礼乐制度的娱乐规范得到推行。《续资治通鉴长编》卷九四载，宋真宗天禧三年（1019年）九月，给事中、参知政事兼太子宾客李迪奏道：“昨日东宫赐宴，臣获

清《钦定元王恽承华事略补图》内页
虞帝舜申命戒傲图
此图绘舜帝告诫大禹切不可像尧帝的儿子丹朱那么傲慢，只以巡游作乐为嗜好。

周元公陈殷无逸图
此图绘周公教导成王的情景。周公以殷商兴亡的例子说明贤君不喜好闲散游乐。殷中宗和高宗勤政，不仅个人长寿，而且国家安宁。之后的商王沉湎于安乐中，要么短寿，要么碌碌无为。

陪侍皇太子，举动由礼，言不轻发，视伶官杂戏，未尝妄笑。左右瞻仰，无不恭肃。”真宗说：“太子常日居内庭，亦未尝妄言也。”寇准向真宗称贺：“皇太子天赋仁德，严重温裕，复禀圣训，勤道力学，实邦家之庆也。”这就是儒家伦理影响下的娱乐规范：庄严肃穆、远离优伶、不轻易娱乐。在此环境下，有些皇子在未获得最高权力之前，常常潜迹匿踪，在娱乐上不事张扬，或只敢暗中进行，而一旦大权在握，则公然与娱乐伦理相抗衡，明目张胆、大肆招摇。隋炀帝杨广在做皇子时，得知父皇杨坚将至自己的府第，便将琴上喷上尘灰，让女侍换上粗旧的裙服，表示不常娱乐。但当他获得杨坚信任，继承皇位后，便极意娱乐，对大臣的强谏和萧后的婉谏都置之不理，最后葬身烟花之地江都。这种结果，又迫使儒家伦理加固宫廷娱乐的堤防，以阻止帝王因过度娱乐导致身死国亡的悲剧。

然而，娱乐是人类的天性，身居九重深宫的皇帝不可能整天批阅奏章而不从事娱乐，为了突破儒学重围，便与身边的宦官建立娱乐同盟，与儒臣展开周旋。而儒臣则利用帝国的远大目标和基本国策，对君主和宦官短视的娱乐行为展开围堵和抗争……中国古代的宫廷娱乐便在这种人性的扩张与伦理的拒斥所形成的张力中展开着，进行着。（谢贵安）

“超级玩家”唐太宗

博弈之娱

博弈游戏是古代宫廷中较为普遍的娱乐项目。具体说来，它可以进一步细分为两大类：其一，偏重于“博”的活动，包括掷骰或掷骰后行棋决输赢的博类，如六博、双陆、投壶等；其二,偏重于“弈”的活动,如围棋、象棋等。不过,“博”与“弈”没有明显分界线，因此往往将之通称为博弈。

据史书记载,唐太宗是一名围棋高手。唐人杜光庭所著《虬髯客传》中，曾记述一段李世民与虬髯客“棋决雌雄”的故事。相传有位虬髯客欲与李世民角逐中原，争夺天下。在晋阳令刘文静的引见下，两人以棋会友，决一雌雄。据说，虬髯客拿起棋子，在棋盘的星位上连摆四子，并说：“老虬四子占四方！”即使虬髯客气势如此嚣张，但唐太宗却沉静果断，不慌不忙地拿起一子，摆在棋盘的“天元”上，并若无其事地说：“小子一子定乾坤！”仅此一子便镇住了虬髯客，他看见李世民“精采惊人，神气清朗”，不禁感叹道：“此局全输矣！”于是打消了与李世民争夺天下的念头，“罢弈而去”。后来，虬髯客偏安一隅，自领十万大军渡海东征，当了扶余国的新王，成为大唐的有力屏障。一般而言，围棋具有四大特性：一是竞技性；二是休闲娱乐性；三是社会交往性，人们可以以棋交友，以棋会友；四是围棋糅杂了军事、哲学、人文、教育等各种内涵，而李世民与虬髯客所下的这盘棋可谓将围棋的这四大特性表现得

唐　佚名　围棋侍女绢画
新疆吐鲁番阿斯塔纳第 187 号唐墓出土

淋漓尽致。此外，唐太宗还有两首咏棋诗流传于世，其一：“手谈标昔美，坐隐逸前良。参差分两势，玄素引双行。舍生非假命，带死不关伤。方知仙岭侧，烂斧几寒芳。”其二：“治兵期制胜，裂地不要勋。半死围中断，全生节外分。雁行非假翼，阵势本无云。玩此孙吴意，怡神静俗氛。”前一首诗唐太宗一连引用了“手谈”“坐隐”[1]“烂斧”[2]三个典故，而后一首诗则全部采用比兴的手法，在唐太宗看来，围棋运用兵法于娱乐之中，能起到怡悦精神、陶冶性情的作用。我们不难看出，唐太宗思路清晰、构思巧妙、用语简洁，很显然，他对围棋各方面的情况烂熟于心，并且对围棋的历史及内在精神非常精通。

此外，唐太宗还是唐代象戏的推广者。所谓象戏，实际上是以两汉时期流行的塞戏[3]为依据而创制，可以说是象棋的前身。据史料记载，北周武帝宇文邕对这种象戏很感兴趣，他曾撰写《象经》，并召集朝廷百官进行讲解，在当时的上层人物中大力推广象戏。但到隋文帝杨坚时，象戏被认为是一种失礼迷法的游戏而遭废止。因此象戏流传时间不长，影响面也不广，至唐初已被人渐渐忘记。但是，在唐太宗的亲自学习和提倡下，象戏在唐代又得以广泛流行。

据说唐太宗年轻时并不会象戏，他之所以热衷象戏的推广和学习，期间还有一段有趣的故事。据说北周灭亡后，北周武帝宇文邕的一名亲信流落江湖，以算卦为生。由于他爱好象戏，在卦签上不乏宣传象戏的内容。一天，他在长安街头算卦游说，正好遇上登基不久的唐太宗微服私访。唐太宗见他自吹如何灵验，便好奇地抽取一签，打开卦签一看，是首五言律诗：“先世立根基，后人创业绩。欲有凌云志，需会象戏棋。”谁知迷信的唐太宗以为这是上天的旨意，回宫后便到处寻找《象经》，还请教别人象戏的玩法。据《旧唐书·吕才传》记载：“太宗尝览周武帝所撰三局象经，不晓其旨。太子洗马蔡允恭年少时尝为此戏，太宗召问，亦废而不通。乃召才，使问焉。才寻绎一宿，便能作图解释，允恭览之，依然记其旧法，与才正同。”唐太宗听说太子洗马蔡允恭年少时曾玩过象戏，便把他召来，可惜蔡允恭因多年未玩而记不大清楚了。于是唐太宗又将著有《大博经》等棋类著作的吕才请来。吕才回去研究了半天，作出图解。蔡允恭看过吕才的图解后，才慢慢回忆起象戏的玩法。虽然这个故事有些渲染，但旷废多年、无人知晓的象戏在唐太宗的努力倡导下，在唐代得以起死回生并迅速推广。

竞技之乐

唐代宫廷娱乐方式丰富多彩，譬如击球、射箭、狩猎等，不一而足。

有唐一代，盛行击球。上自皇帝，下至诸王大臣，文人武将，大多好此运动，而这与唐太宗的倡导不无关系。击球，亦称打马球，也称“打球”“击鞠”，所用马球是用质轻韧性好的木料制成，空心或实以柔物，球大若拳，外涂红漆，彩绘花纹，亦称“彩球”“画球”“七宝球”“珠球”。球杖为木质，长

唐　昭陵陪葬墓壁画
抱弓弢箭箙男装侍女图（摹本）
原壁画高 146 厘米　宽 83 厘米
阿史那忠墓五天井西壁北幅
画中女士戴黑色幞头穿黄色圆领窄袖袍，红白条纹相间波斯裤，圆头鞋，双手抱弓弢箭箙而立。
阿史那忠墓西北距昭陵七公里，1972 年发掘。阿史那忠（611 年 ~ 675 年），突厥族，贞观四年（630 年）归唐，官至右骁卫大将军袭爵薛国公。其夫人为唐太宗之女，阿史那忠与太宗为翁婿。

数尺，杖头一端呈月牙形，亦绘有彩色花纹，类似今之冰球棍。至于游戏规则，则是在马上持鞠杖击球，往来驰逐，“以先得球而击过球门者为胜”，因此打马球不仅要练球技，还要习马术。值得一提的是，击球并非唐代本土运动项目，有学者认为其起源于波斯，然后传到西域，再传到长安。向达先生在《唐代和长安与西域文明》中就提到：“波罗球（即马球）传入中国，当始于唐太宗时。唐以前书只有蹴鞠，不及打球，至唐太宗，始令人习此。”唐人封演《封氏闻见记》卷六《打毬》篇也记载：“太宗御安福门，谓侍臣曰：‘闻西番人好为打毬，比亦令习，会一度观之。昨升仙楼有群番街里打球，欲令朕见，此番疑朕爱之，骋为之。’”唐代初年，突厥、吐谷浑与唐的边境战争时有发生，唐太宗认识到要和这些游牧民族作战，必须有强大的骑兵部队。在唐太宗看来，具有竞技性和娱乐性的马球是训练骑兵的最好手段，通过击球能提高骑马技术，从而有利于加强军队战斗力。于是，唐太宗派人向西番人学习打马球，并命令军队和皇室子弟及王公大臣等都要学会打马球。常言道：“上有好者，下必甚焉。”在唐太宗的大力提倡下，马球开始东传内地，并在宫廷蔚然成风。此后唐皇室涌现出大批打马球高手，像唐玄宗、唐穆宗、唐敬宗、唐宣宗、唐僖宗、唐昭宗等都是马球运动的佼佼者。此外，据史料记载，在唐朝大明宫麟德殿、中和殿、飞龙院、清思殿、雍和殿及梨园亭子、神策军驻地等处便设有多处马球场，马球场一般长120米，宽50米，“平望若砥，下看如镜”，质量相当考究。陕西乾县唐章怀太子李贤墓中发现的打马球壁画，则形象地展现了唐代马球运动的场景:壁画中参与击球者20余人，皆着各色窄袖袍，足登黑靴，头戴幞头，手执偃月形球杖，纵马奔跑，做出竞争击球的不同姿态。画面构图疏密有致,动中有静,有强烈的节奏感、运动感。

唐太宗很喜欢射箭，且技艺颇高。据唐人吴兢所著《贞观政要》记载，唐太宗是一个能“剑穿七札，弓贯六钩”的射箭好手。不过，唐太宗并不满足于自己高超的射箭技艺，他还尽可能地想提高官员及军队的射箭技艺。据《旧唐书》卷二《太宗纪上》记载，唐太宗曾“引诸卫骑兵统将等习射于显德殿庭，谓将军已下曰：‘自古突厥与中国更有盛衰。若轩辕善用五兵，即能北逐獯鬻；周宣驱驰方召，亦能制胜太原。至汉、晋之君，逮于隋代，不使兵士素习干戈，突厥来侵，莫能抗御，致遗中国生民涂炭于寇手。我今不使汝等穿池筑苑，造诸淫费，农民恣令逸乐，兵士唯习弓马，庶使汝斗战，亦望汝前无横敌。’于是每日引数百人于殿前教射，帝亲自临试，射中者随赏弓刀、布帛。……自是后士卒皆为精锐”。这批精锐部队后来成为消灭东突厥的主力。又据《旧唐书》卷三《太宗纪下》载，贞观五年（631年）九月乙丑，赐群官大射于武德殿。显然，唐太宗提倡射箭用意很明显，他是想以此来提高军队的战斗力。

虽然唐太宗主要精力用在处理政事、治世安邦上，可是他“少好弓矢”，一直也不曾放弃对狩猎的爱好。据《唐会要·搜狩》记载：“贞观五年正月十三日，大狩于昆明池，藩夷君长咸从。上谓高昌王麴文泰曰：‘大丈夫在世，乐事有三。天下太平，家给人足，一乐也。草浅兽肥，以礼畋狩，弓不虚发，箭不妄中，二乐也。六合大同，万方咸庆，张乐高宴，上下欢洽，三乐也。’”贞观五年（631 年）正月十三日，农历新年还没有过完，唐太宗便在昆明池举行了一次大型的狩猎活动，他不仅率领着朝廷官员，还邀请了四方君长及各国使臣。在唐太宗看来，狩猎时百发百中是大丈夫在人生中的三大乐事之一。同书还记载：贞观十一年（637 年）十月，唐太宗到洛阳苑去打猎，路边丛林中一大群野猪冲出来拦住去路，唐太宗不慌不忙，拈弓搭箭，四发四中，突然群猪野性大发，直向唐太宗扑来，情势十分危险，此时只见唐太宗拔出剑跳下马，一剑把野猪砍成两段。此外，据《旧唐书》载，唐太宗曾率众狩猎达十次之多，大多数具有娱乐性质。魏徵、唐俭等大臣担心唐太宗在田猎中发生危险，曾多次劝谏太宗“割私情之娱，罢格兽之乐”，但唐太宗始终未听。

乐舞之欢

唐太宗酷爱乐舞艺术。《破阵乐》《庆善乐》《上元乐》是唐朝时期宫廷乐舞三大支柱，其中唐太宗便身体力行地制作了《破阵乐》乐舞（即《秦王破阵乐》）。据《旧唐书·音乐志》载：“《破阵乐》太宗所造也。太宗为秦王之时，征伐四方，人间歌谣《秦王破阵乐》之曲。”据《唐会要·破阵乐》载，贞观元年（627 年），“宴群臣，奏《秦王破阵乐》之曲。太宗谓侍臣曰：‘联昔在藩邸，屡有征伐，世间遂有此歌，岂意今日登于雅乐。然其发扬蹈厉，虽异文容，功业由之，致有今日，所以被于乐章，示不忘于本也。'”于是，唐太宗在民间歌谣《秦王破阵乐》的基础上，令魏徵、虞世南、褚亮、李百药改制歌词，并改名为“七德之舞”。然后又着手描绘《秦王破阵乐》的舞图，“左圆右方，先偏后伍，鱼丽鹅鹳，箕张翼舒，交错屈伸，首尾回互，以象战阵之形”。随后诏命当时精通音乐的起居郎吕才制订音律，并依据舞图教习表演乐人。此后《秦王破阵乐》被指定广泛地应用在宫廷重要的国宴或外交活动之中，以期借助乐舞威仪彰显大唐国威。

中国历史上喜爱娱乐活动的皇帝不少，但往往因沉湎其中，游戏过度，不理朝政，对王朝政治产生了许多负面影响。而唐太宗却能在处理政务时，忙里偷闲，不废己之爱好，真正做到了寓教于乐。本文所谈仅仅是唐太宗喜好且对当时以及后世产生了较大影响的娱乐项目。当然，他的爱好是非常广泛的，绝不仅仅限于以上介绍的这些内容。不过，从这些娱乐项目中仍可反映出唐太宗积极进取的精神风貌。可以说，唐太宗的宫廷娱乐生活是丰富多彩的，同时他还将一些娱乐活动与军事训练等结合起来，为唐代社会生活注入了不少正能量。（汤谷香、王永平）

注释：

1.“手谈”“坐隐”皆为东晋时围棋（下围棋）别称，来自两晋言谈故事，典见《世说新语·巧艺第二十一》：“王中郎以围棋是坐隐，支公以围棋为手谈。”

2.一言“烂柯”，围棋著名典故，出自南朝梁任昉《述异记》中王质伐木观棋的故事：“信安郡石室山，晋时王质伐木至，见童子数人棋而歌，质因听之。童子以一物与质，如枣核，质含之而不觉饥。俄顷，童子谓曰：‘何不去？’质起视，斧柯尽烂。既归，无复时人。”

3.塞戏，又称簺戏、格五，是种掷采行棋的掷赛游戏，为六博的变体，差别在于掷具的不同、采数不同。魏苏林注《后汉书·吾丘寿王传》说塞戏“博之类，不用箭（箸），但行枭棋”。盛行于汉代并成为汉宫廷常设游戏项目，有“棋待诏”之官。

太平天子好游戏

从朱瞻基行乐图谈起

明宣宗宫中行乐图卷局部之“投壶”

明惠帝（朱允炆，1398 ~ 1402 年在位）建文元年（1399 年）二月，朱瞻基诞生于北京燕王府。弥月，仁孝皇后抱之见明成祖（朱棣，1402 ~ 1424 年在位），视之曰“此天日之表，且英气溢面，符吾梦矣”（《明宣宗实录》卷一）。永乐五年（1407 年）四月，皇长孙出阁就学，成祖认为瞻基天资智识明睿，必为“他日太平天子”。永乐九年（1411 年）十一月，年仅 13 岁的瞻基成为皇太孙；次年八月，成祖特令兵部选良家子弟年二十以下，

勇健有才艺者充随从；“太孙学问之暇，讲习武事，自是时常出猎”（黄瑜《双槐岁钞》）。成祖自幼年即用心栽培，历练瞻基作为统治者带兵打仗，演武射猎，促其日后极喜爱巡狩田猎。

骑射演武

万历、崇祯时人何乔远《名山藏》评及明宣宗有云：“翰墨图书，随意所在，尽极精妙。岁秋冬巡边阅武，亲櫜鞬骑射，

明　佚名　明宣宗射猎图轴
绢本设色　纵 29.5 厘米　横 34.6 厘米
故宫博物院藏
此图为一幅写实图像，画幅右旁贴有一黄色小签，上题“明宣宗御容行乐”。图中对环境的描绘着墨不多，却很好地表现了野外的空旷及人物的姿态，构图富有动感。无款署。

威震乎殊俗，休矣哉，文武恭俭之主也。”（谈迁《国榷》卷二二，“宣宗宣德十年正月”）宣宗幼年受到军旅训练，多次随同成祖出征，英勇尚武性格从小就已形成。在位期间练兵讲武，重视武备训练，现存明代宫廷画师对习射技艺的描写，反映出宣宗重视射猎的史实。

《宣宗射猎图》描绘湖泊边草原狩猎的片断。宣宗下马回首张望，手挈射获负伤猎物—鹿，不远处另有野鹿弓身惊慌奔驰，形象十分生动。皇帝身着黄红相间猎装，外搭织金龙纹无袖罩甲；袖上饰有行龙五彩云纹。冠为鞑帽，以皮缝制，保留了元代蒙古服饰特色。从主角体貌、服饰来看，所绘者即明宣宗。宣宗将游猎、习射活动与儒家“六艺”礼仪教育互相结合，形成当时一种以骑射为乐的英勇气概与尚武精神。

行乐游戏

宣宗的兴趣极为广泛，除了不定期郊外打猎之外，也喜爱在宫中从事各项竞赛活动。明代宫廷画师所作《朱瞻基行乐图》绘皇帝与太监、侍臣在御花园里观看从事射箭、蹴踘、击踘、捶丸、投壶等游戏。卷首宣宗身着华服坐于攒尖顶亭内宝座上，专注地观赏各种游艺活动的进行；中段宣宗走下座位，亲自执球竿、木箭开心地玩着捶丸、投壶；卷末宣宗由内侍提灯前导，乘轿回宫，却仍回头，一副流连忘返之状。

皇室的健身体育活动，多从军事训练发展而来。骑射竞技比赛参加者须有高超的骑术和娴熟的射艺,其中一段“射侯”（侯指标靶中心，以皮革或布制成），即射靶活动，绘有骑马宫中射手，一人拉满弓欲射，其余散立左右。远处立旗帜两面，两旗当中立侯,旗之两侧各立二人准备拾箭。另一段绘有“蹴踘”，

明　佚名　明宣宗宫中行乐图卷
绢本设色　纵 36.7 厘米　横 690 厘米
故宫博物院藏
明代宫廷绘画中有一部分表现帝王生活和重大历史事件的作品。此幅行乐图表现了宣宗皇帝着便服，在御园观赏(参与)各种体育竞技游戏的场面。画面上从右至左依次为射箭、蹴鞠、击踘（马球）、捶丸、投壶等，场面宏大繁复而又具体入微，生动地表现出宫中当时的娱乐活动。无款署。全卷绘画工整、细腻、写实，是记录明代宫廷历史以及皇家建筑的重要资料。

多人组群的踢球游戏，类似今日足球运动。比赛双方排列成队，互相攻守，宣宗亲自率领内侍练习，以此锻炼其体能，愉悦身心。宣宗曾作有《蹴踘》诗："密密清荫皆贝宫，锦衣花帽蹴东风。最怜宛转如星度，今古风流气概同。"蹴踘后来还演变为"击踘""捶丸"等球类游戏。画卷中亦可见"击踘"，一种

骑在马上持棍打球的运动。据说明代于东苑设有球场，王绂所撰《王舍人诗集》卷三中《端午赐观骑射击球侍宴》一诗写道："龙舟竞渡不足尚，诏令禁御开球场。球场新开向东苑，一望晴烟绿莎软。"即是明代诗人对球场的真实描绘。打马球是一种"寓习武于娱乐"的体育活动，击球者骑在健壮马背，持杖击球施展技艺，互相攻守，以此习武。马球比赛使用的木球较为轻巧，外施以朱漆，用来击球的木棒，杖头呈月牙形状。"捶丸"类似今之高尔夫球，场地内有球窝，左旁立一彩旗，按球窝数量设彩旗，参与者各执球棒比赛。卷尾另绘贵族宴会时娱宾的余兴活动——"投壶"，在固定距离投射，由站在壶侧的"司射"计分，宣告输赢。投中为胜，输者罚酒。宣宗端坐于马杌

明宣宗宫中行乐图卷局部之“打马球”

明宣宗宫中行乐图卷局部之“捶丸”

明宣宗宫中行乐图卷局部之“射箭”

明宣宗宫中行乐图卷局部之“蹴鞠”

上，投壶置于离席位约二矢半的距离，所投三支箭矢皆入壶中，而其对手所投三支则弹出于地上。输赢一面倒，宫廷画家趁此机会利用图画讨好皇帝。《明宣宗宫中行乐图》卷中人物从事的各种运动竞技，均能锻炼身体、愉悦精神，又可以培养速度、耐力，可谓是寓训练于竞技之中。

田猎

宣宗意识到武备对于国家稳定的重要性，国家升平不出征之时，为保持士兵战斗能力的需要，乃将骑马征战转化成巡游骑射活动，又经常安排演习骑射等活动，以此严明军纪。传为宣德年间宫廷画家商喜所作《朱瞻基行乐图》轴描绘皇帝与官员、内侍集体出猎游玩情景，宣宗骑马登于山丘，瞭望皇家苑囿以为乐。此张巨幅“全景式构图”展现皇家气派与威仪，场面盛大，颇有炫耀之用意。背景山坡松柏环抱，草木丛生，溪流潺潺，鹿獐、雉兔、鸳鸯等动物成对点缀。所绘游乐场所应是北京郊外南海子，又称南苑，元代为飞放泊。南海子为育养禽兽供御之所，乃皇室贵族演练骑射、行围狩猎、玩赏之地，每逢狩猎则命海户前驱合围，所以训武也（廖道南《殿阁词林记》卷十二）。永乐十二年（1414 年）曾扩建此地，围以崇垣，内有湖泊多处，广 120 里，并置海户负责饲养管理兽禽，明代主要为皇家猎场。宣德三年（1428 年）亦曾命英国公张辅等拨军

明 商喜 朱瞻基行乐图轴

纸本设色 纵 221 厘米 横 353 厘米

故宫博物院藏

本图为故宫博物院藏明代院画精品。宣宗所在的明中期为院体画繁荣阶段，商喜即为此时宫廷画家代表之一。图写宣宗朱瞻基游猎情形，人物具有肖像画特征，四周画山石树木、丛林建筑，场面浩大。画法工致细腻，笔法劲健。

修治南海子内部之围墙、桥道与四大红门。商喜《宣宗行乐图》画中皇帝容貌丰腴，体格魁梧，形象略大于他人。他头戴尖顶圆帽，身着红色窄袖衣，外罩黄色长褂，衣服形制与前述《宣宗射猎图》相同。宣宗后面跟随三名随从，各抱箭囊，背着弓矢，手擎宝剑。前景松林间，官员乘骑之后亦有侍从随行，画中人物穿着装束皆合乎明代服饰规制。画面集体围猎场面十分壮观，色彩浓丽，河道纵横，绿树成荫，鹿兔、白鹤、天鹅、孔雀、雉鸡、鸭凫成双成对……透过皇帝尊贵的面容身姿及周遭赏心悦目环境的刻画，表达出皇权浩大、山川万物无不供其驱策的神圣天威。

狩猎对古代帝王而言，是一种炫耀武力和政治威信的行为。天子以狩猎为名，拣选良马、名鹰、俊犬，弓矢俱备，聚兵郊外田猎，顺道出外视察。皇家围猎活动具有巡游狩猎和阅武练兵的双重性质，通常在农务将毕的秋后举行。宣

朱瞻基行乐图轴（局部）

德三年（1428年）八月癸巳，御奉天门，召五军都督府谕曰："东北诸关隘皆在畿内，今农务将毕，朕将因田猎亲历诸关，警饬兵备。"（《明宣宗实录》卷四六）五年（1430年）十月丙子，以农事将毕，率军巡边西北，度居庸关，驻跸岔道围猎。此次大学士全部随行并举行围猎活动，同年十月壬辰，谈迁在其《国榷》书中即有述及："宣皇好猎，宫僚屡忤，及正大宝，阅边谒陵，动逾旬日。一时诸臣，咸顺旨扈从。"（谈迁《国榷》卷二一，"宣德五年"）驰骋田猎除了强身练武，还可以满足身心快乐，很容易令人沉迷。

永乐年间，具有儒家伦理思想的文臣戴纶与编修林长懋为皇太孙侍从授经之师。成祖命皇太孙习武事，而纶与长懋反对其习武，近而劝谏，两人却因谏猎忤旨，导致朱瞻基对他们产生不满。戴纶被外派转任参赞交阯军务，后又因事触怒，置狱以死，家遭籍没；长懋则坐系牢中长达十年，直到英宗时才被释放。大臣关心国事提出劝诫，直言进谏惹怒朱瞻基，并为自己招来灾难。皇帝惩罚谏言官员，因而多数官员仍选择攀附巴结、奉迎逃避以求自保。宣德九年（1434年）九月，宣宗最后一次出猎，度居庸关，猎于岔道，谕曰："天下虽安，不忘武备。"（《国榷》卷二二，"宣德九年"）然频繁地举行田猎活动，不仅劳民伤财，有时妨害农收，被批评是耽于逸乐，荒于政事，而明朝正史文献却未记录。

豢养宠物

明宣宗是一个有文化素质的皇帝，爱好射猎、斗蟋蟀、玩赏花鸟鱼虫、品尝美食，这些活动皆成为他政治生活余暇的娱乐。动物玩伴能带给人愉悦之情，后宫游玩生活少不了斗鸡，

明（传）朱瞻基 花下狸奴图轴 台北故宫藏

玩狗，豢养猫犬、珍禽。严格礼仪约束下，皇帝不能随便离开皇宫，故通过饲养宠物，以培养皇室成员关爱万物的性格。宫中饲养各种珍禽异兽，其中最受宠爱的动物是猫儿。《明宫史》“猫儿房”即有述及：“祖宗为圣子神孙，长育深宫，阿保为侣，或不知生育继嗣为重，而宠注一人，未能溥贯鱼之泽，是以养猫、养鸽，复以螽斯、千婴、百子名其门者，无非欲藉此感触生机，广胤嗣耳。”（《明宫史·木集》）传明宣宗画《花下狸奴图》，“宣德丙午（1426年）制”字上钤有“御府图书”。图绘两只猫儿嬉戏玩耍于湖石、菊花丛间，其中一只伸舌舔爪，另一只歇息在旁。画家兼采没骨及双钩法，先填染底色，再以细毫钩染斑纹毛色，用笔精细，纤毫毕至，画猫追仿

明（传）朱瞻基 壶中富贵图轴
台北故宫藏

明 （传）朱瞻基 萱花双犬图卷
美国哈佛大学艺术博物馆藏

南宋院画家李迪的风貌。太湖石先以干笔皴擦表现盘扭皱透的石面，再加少许花青渲染，画菊则以白粉勾勒填彩。全幅用笔纤细工整，赋色典雅。此图虽无款识，应为宣德朝宫廷画家所作。同样以猫为主题，传明宣宗《壶中富贵图》轴作于宣德四年（1429年）正月十九日，并钤内府收藏“宣德秘阁图书之宝”。画上杨士奇（1365～1444年）题识有云：“于是万几余暇，时游艺于翰墨。……则又曲尽物情生动之趣，而愈足征化工，点染于乾坤。”猫谐音为“耄”，壶谐音为“福”，内插牡丹寓意富贵，并祝颂长寿幸福。画中猫咪好奇仰望悬挂于顶上的铜壶花器，青铜器皿表面光亮，绿色铜锈渐层而上至壶把，极富古趣。地上置有椭圆三足洗，宫廷里喂养猫儿的用器十分讲究，正是皇室奢靡游玩生活不可或缺的部分。

另一种皇室珍爱的宠物则是猎犬，传明宣宗《萱花双犬图》款识“宣德丁未（1427 年）御笔戏写”并钤“万几清暇”。良驹名犬是贵族骑射狩猎必备工具，图绘优美体态两只猎犬，身瘦腿长，喙尖胸宽、腰细尾长，长腿前肢伸直，后肢膝关节弯曲，耳尾特有长毛，当是原产于西亚地区的萨鲁奇（saluki）猎犬。永宣年间，中外交通频繁，可能是国外贡品。画中猎犬昂首轻盈的身姿，应是宫中豢养玩赏宠物狗。

禽虫斗戏

南宋贾似道（1213 ~ 1275 年）编撰《促织经》有云：“凡捉促织必将着竹筒过笼，初秋时于绿野草莱处求之。……果是促织所在，用手启其门户，以尖草忝求其出，若不肯出窝者，或将水灌于窝中。”斗蟋蟀是民间农闲时盛行的娱乐，明清文献都说宣宗也极好促织之戏。祖籍江苏明末诗人吴伟业看到收藏家孙承泽收藏蟋蟀盆曾咏道：“宣宗在御升平初，便殿进览豳风图。暖阁才人笼蟋蟀，昼长无事为欢娱。定州花甆赐汤沐，玉粒琼浆供饮啄。戗金髹漆隐双龙，果厂雕盆锦香褥。……君

王暇豫留深意，棘门霸上皆儿戏。斗鸡走狗谩成功，今日亲观战场利。”(吴伟业《梅村家藏稿》卷三《宣宗御用戗金蟋蟀盆歌》)

宣宗在斗蟋蟀的兴趣上所花费的时间与金钱不断增多，此期出现专为皇帝制作的精美蟋蟀罐容器。1993 年江西景德镇中华路出土许多残破青花蟋蟀罐，其中可见绘有五爪龙纹，圈足与盖内底“大明宣德年制”楷书款。此地原为明御厂址，出土瓷器都是因烧造过程中有小瑕疵，而被淘汰的贡品，应是原欲作为宣宗御用之物。关于宣宗喜爱斗蟋蟀的传说，根据刘新园先生研究推论，应是喜欢观看蟋蟀搏斗时的英姿，欣赏得胜者飞舞的双须与鸣叫，及失败者仓惶而逃的情景。仅是北京附近选取蟋蟀不够好用，宣宗更派宦官至各地采办购置，并敕令地方官员协助。明沈德符《万历野获编》记载有轶事一则：“我

明　宣德款仿汝釉蛐蛐罐
故宫博物院藏

朝宣宗最娴此戏，曾密诏苏州知府况锺进千个。一时语云：'促织瞿瞿叫，宣德皇帝要。' 此语至今犹存。"

况锺（1383 ~ 1443 年）任苏州知府期间，多次赈济灾荒，并为贫农支付拖欠租粮，受到百姓的爱戴。宫中宦官受工部委派，前来购买花木、禽鱼、器玩等。况锺待之以礼，且告诫下属，勿接受贿赂。此种政绩卓著和品德高尚的官员，当时应是得罪了不少京城宦官。使用珍贵的宫廷用器来豢养蟋蟀，反映了宫廷娱乐的奢华风尚。明陆容（1436 ~ 1494 年）《菽园杂记》，文中批评指出："宣德年间，朝廷起取花木鸟兽及诸珍异之好，内官接迹道路，骚扰甚矣。……宣德治世，宣宗令主……顾以草虫纤物，殃民至此耶？抑传闻失实耶？"（陆容《菽园杂记》卷七）明宣宗在历史上被肯定为圣主，正值盛年，颇好游乐纵欲之事，文献史料中不避讳客观公正评论皇帝的作为。清查继佐《罪惟录》书中检讨明代统治者政策得失，在《宣德逸纪》章节中亦提出批评说："帝有睿才，书艺风雅，光大恺恻，允哉太平天子之言。……斗鸡走马，圆情鹞首，往往涉略。尤爱促织，亦豢驯鸽，万姓颇为风俗，稍渐华靡。然此其余才，性明断，不废政事。"（查继佐《罪惟录》志卷之三十二《宣德逸纪》）嗜好娱乐带给人身心享受，但宣宗将财富与时间大量挥霍在奢侈的消费中，也导致人们对其政治形象有了负面评价。

宣德十年（1435 年）正月初三，宣宗以疾不视朝，卒于乾清宫，年 38 岁。“正月辛丑，进献使李叔亩到辽东，驰报皇帝讣音，誊送遗诏。上率群臣举哀如仪。命放教习膳羞婢子。”（吴晗《朝鲜李朝实录中的中国史料》卷五，“宣德十年”）死后四月，张太后即命令“将宫中一切玩好诸物、不急之务悉皆罢去，革中官不差”（《国朝典故》卷四八《天顺日录》）。宣宗游猎、玩乐、美食之好，劳民伤财。明英宗（朱祁镇，1427 ~ 1464 年，1435 ~ 1449 年在位）正统初年（1436 年），宣示诏书《一应宽恤事宜》之中，即有“各处打鹰及打捕鸟兽，采取虫鸟花草果木石山之类，诏书到日悉皆停罢”一条。除此之外，并释放宫中乐工夷妇，朝鲜选献妃乳母金黑为首的 53 名贡女从婢、唱歌婢、执馔婢，释放遣返朝鲜，并减厨役 6400 余名，牲口料粮亦减 4 万石。以上举例，充分反映了英宗试图扭转宣德时期的奢侈享乐之风，减轻国家财政负担的努力。

明宣宗对于明代社会的影响，主要不在积极开拓创业，而表现在其多才多艺，允文允武。他是位守成的君主，不但喜好经史，能为诗赋，并有御制诗集传世。他雅爱绘画又工于书法，生活态度无拘无束，表现在其绘画风格上也是呈现“墨戏”的写意作品。宣宗虽是儒家伦理制度培养出的文雅君王，经常借由巡狩行乐以得到消遣娱悦，增添生活乐趣，然其游艺亦具有一种教化的游戏之意，而不至于玩物丧志。（林莉娜）

高山流水是知音

雍正皇帝与古琴

“秋宵嗷嗷云间鹤，古调泠泠松下琴。皓月清风为契友，高山流水是知音。”[1] 这是清世宗雍正皇帝的一首御制诗，诗中描写了清秋之夜，空旷寂静，主人于松下抚琴，白鹤在云间飞鸣。皓月、清风是为契友，高山、流水是为知音。此诗不仅是主人公的抒怀之作，也是其生活的真实写照。

雍正帝喜欢琴，在其诗中屡屡提及，即位之前的《雍邸集》中即收录了八首与琴相关的诗作。

雪夜即事[2]

永夜漏方中，琼瑶洒半空。气侵书幌冷，光闪烛花红。
兴洽张琴好，心清得句工。诘朝恭省候，披拂玉阶风。

舟次[3]

扈跸阅长河，微风起碧波。牙樯连百里，珠旆转层坡。
拂几调琴韵，临窗听棹歌。时清多乐事，万汇总春和。

一日闲[4]

闭门一日隔尘嚣，深许渊明懒折腰。
观弈偶将傍著悟，横琴只按古音调。
新情都向杯中尽，旧虑皆从枕上销。
信得浮生俱是幻，此身何处不逍遥。

临轩寓目[5]

绮窗罢抚紫琼琴，香烬金炉鹤梦沉。
多事草偏名醒醉，可人花解结同心。
风翻曲沼千层碧，云过重檐一霎阴。
栏外有情双蛱蝶，翩翩飞入海棠深。

柳絮[6]

楝花风过雪霏霏，万点沾衣不湿衣。
轻逐东西香毂转，狂随来去马蹄飞。
河桥漠漠迷渔艇，村店纷纷扑酒旗。
巧入疏帘如有意，拂琴飘卷伴书帏。

雨后园亭即景[7]

玉溪宛转云流镜，翠巘参差黛扫屏。
堤树风翻深浅叶，径苔雨染淡浓青。
鸣琴遥和岩头瀑，凉箔齐钩水面亭。
最是夜初群籁寂，临轩坐拥一湖星。

深柳读书堂[8]

郁郁千株柳，阴阴覆草堂。飘丝拂砚石，飞絮点琴床。
莺啭春枝暖，蝉鸣秋叶凉。夜来窗月影，掩映简编香。

题墨竹一十二首·其八[9]

我亦爱修竹，手植满万竿。春丛抽新碧，夏叶生嫩寒。
更宜当素秋，萧萧舞檐端。乃至入元冬，苍然秀可餐。
带露裛神光，迟月弄夕爽。烟雨快逸情，风雪听幽响。
能备四时好，永结平生赏。构屋豁轩墀，面面曳风枝。
开窗张素琴，凿池悬钓丝。为缘情好笃，寤寐怀清姿。
写真惊墨妙，洒然涵幽芬。似我园中箨，绿雾凝苍云。
为诗歌此君，聊以述所忻。

《御选语录》是雍正皇帝钦定的释氏经典，卷十二为圆明居士语录，反映了雍正在雍亲王时期对佛教的参悟，其中《书斋述心》也涉及琴。

书斋述心

风花雪月天真佛，几簟琴书迦叶身。
不是懒于拈妙句，只缘无处觅诗心。

雍亲王的生活似乎闲逸，这与其选录古人“佳章好句”[10]的《悦心集》是相一致的，也与其“文雅精细”的美学追求一脉相承。一说雍亲王的闲逸是“韬晦”，即便如此，雍亲王在像模像样的闲逸中，也确实得到了放松。所谓文人逸士，不计得失，唯琴棋书画自娱,《悦心集》中即采录了相关的“佳章好句”。如东汉仲长统《乐志论》:“弹南风之雅操，发清商之妙曲。逍遥一世之上,睥睨天地之间。”[11]东晋陶潜《归去来辞》“悦亲戚之情话，乐琴书以消忧。”[12]南宋黄干的《论琴》:“人之此心和平仁厚，真与天地同意，则南风之奏，亦何异于舜之乐哉。”[13]隋王绩《答冯子华书》:“蓬室瓮牖，弹琴诵书，优哉游哉，聊以永岁。”[14]唐刘禹锡《陋室铭》中也要置琴，“可以调素琴，阅金经”[15]。宋苏轼《述怀》有句：“几时归去，做个闲人，背一张琴，一壶酒，一溪云。”[16]

雍亲王的诗，颇有文人情怀，也是生活中不离琴书。兴洽拂琴，临波调琴，闲时横琴，绮窗抚琴，雨后鸣琴，开窗张琴。就是描写柳絮，仿佛也是颇通主人意趣，飘到屋里，有意无意间欲在琴书之上逗留。雍正的琴诗，是生活的写照，从中可见琴伴随在他的左右。书斋、园亭、闲日、雪夜、雨后，皆离不开琴。《舟次》中的“扈跸阅长河”，说明是扈跸康熙帝出巡，即便护驾也要携琴而往。胤禛九岁时就随驾北巡，康熙四十二年（1703年），又同胤礽、胤祥随驾南巡。先后曾14次随同康熙帝巡幸口北，行猎塞外；7次巡幸畿甸，随驾水围[17]。胤禛应是会弹琴也爱弹琴的，不然扈跸出巡就不必携琴了。

胤禛即位后有关琴的诗，在《四宜堂集》中亦有三首。

雍正六年（1728年）所作《夏日勤政殿观新月作》[18]：

勉思解愠鼓虞琴，殿壁书悬大宝箴。
独揽万几凭溽暑，难抛一寸是光阴。
丝纶日注临轩语，禾黍常期击壤吟。
恰好碧天新吐月，半轮为启戒盈心。

雍正十三年（1735）作《偶题》[19]：

秋宵嗷嗷云间鹤，古调泠泠松下琴。
皓月清风为契友，高山流水是知音。

同年又作《深柳读书堂避暑》[20]：

三庚节届祝融临，闲对明窗阅古箴。
树杪莺喉调妙曲，槛边蝶翅舞芳襟。
嫩荷香远风频递，深柳阴重暑不侵。
移榻帘前何所思，要赓解阜入虞琴。

雍正帝喜欢园居，即位后因园居理政之需，酌量修葺圆明园的亭台丘壑，“惟建设轩墀，分列朝署，俾侍直诸臣有视事之所。构殿于园之南，御以听政”[21]。勤政殿即属新建的朝政建筑，建成于雍正三年（1725年），位于正大光明殿的东侧，是日常听政之所。雍正四年（1726年）正月癸丑，上谕大学士等："朕今日坐勤政殿以待诸臣奏事，乃部院八旗竟无奏事之人，想诸臣以朕驻跸圆明园欲图安逸，故将所奏之事有意简省耶。朕因郊外水土气味较城内稍清，故驻跸于此，而每日办理政事与宫中无异，未尝一刻肯自暇逸。已曾屡降谕旨，切告廷臣，令其照常奏事。若朕偶欲静息，自当晓谕诸臣知之。傥廷臣不知仰体朕心，将陈奏事件有意简省，是不欲朕驻跸圆明园矣。"[22] 遂明确听政制度，亲自排定八旗、六部、都察院、理藩院、内务府各衙门轮班奏事日程，于此召对臣工，披阅奏章。从雍正三年（1725年）八月二十七日首次正式驻跸圆明园，到雍正十三年（1735年）病逝园中。"11年间，累计在圆明园居住47次2314天，每年平均为4次210天。"[23] 勤政殿在雍正年间对朝政的重要性不言自明。雍正十年（1732年）三月皇帝将朱批臣工奏章，编成《朱批谕旨》，刊布中外。在《朱批谕旨序言》中自述："雍正六年以前，昼则延接廷臣，引见官弁，傍晚观览本章，灯下批阅奏折，每至二鼓三鼓不觉稍倦，寔六载如一日。""每折或手批数十言，或数百言，且有多至千言者。"[24] 此情此景与雍正六年（1728年）所作《夏日勤政殿观新月作》正相吻合，勤政殿中，独揽万几，丝纶日注，夜半时分，仰望新月，勉思解愠，抒发块垒，唯有鼓琴。

雍正帝不仅在诗中体现了对琴的爱好，还在绘画中表现了这一爱好。《胤禛十二月景行乐图》轴共计12幅，写不同节气节日的情景，而每一幅中都有极写实的雍正皇帝的形象。其中之一的“曲水流觞”中，描绘暮春三月，群贤列坐溪边，举杯饮酒，吟诗唱和的情景。雍正帝离群索居，于一静室，临窗拂琴。此情此景在前文的御制诗中曾一再相见。“拂几调琴韵，临窗听棹歌”（《舟次》）。“绮窗罢抚紫琼琴，香烬金炉鹤梦沉”（《临轩寓目》）。“开窗张素琴，凿池悬钓丝”（《题墨竹一十二首其八》）。

故宫博物院收藏有各式雍正行乐图册共6套，尺寸稍异。其中一套《雍正行乐图》册共16开，分别绘柳荫濯足、山巅御风、溪边赏春、兰径吟诗、蕉下乘凉、临窗观荷、竹洲品茗、秋苇荡舟、乘槎仙游、庭园折桂、采菊归来、对月鸣琴，抚松远眺、临轩作诗、偎炉读书、雪舟垂钓。16种文人逸士之生活追求，鸣琴一事赫然在焉。但见古柏参天，涧水潺潺，一轮圆月，普照大地，雍正皇帝端坐树下，琴横膝上，轻抚琴弦，闭目凝神，沉浸其间，其意境正与“古调泠泠松下琴”极为合拍。

另一本《雍正行乐图》册共14开，前两开画面相近，雍正着紫袍，秋景之中若有所思；第三开着衲衣，荷笠山行；第四开临渊采气；第五开执弓望雀；第六开以桃饲猿；第七开秋林听泉；第八开登崖观潮；第九开钓罢小憩；第十开观瀑蝠临；第十一开深山刺虎；第十二开岩窟闭关；第十三开竹林抚琴；第十四开池畔题壁。而抚琴之景又再次出现，高山之上，丛竹

清　佚名　胤禛十二月景行乐图轴·曲水流觞
（本套“雍正行乐图”共12轴，是轴为其一）
绢本设色　187.5厘米　横102厘米　故宫博物院藏

清　佚名　胤禛十二月景行乐图轴·曲水流觞（局部）

之中，明月高悬，雍正席地而坐，和着流水，弹着古琴，悠扬的曲调在高山、流水、丛竹间回荡，以致凤凰也不期而至。

通观这三幅绘画，雍正帝不论是置琴几上，还是张琴于膝，其神情姿态都仿佛专注于古调之中，遐想于红尘之外。观其右手似抹挑勾剔，左手似吟揉绰注，全合操琴之法。读其诗有琴

清　佚名　雍正行乐图册·对月鸣琴（局部）
（本套"雍正行乐图"共16开，是册为其一）
绢本设色　纵37.5厘米　横30.5厘米　故宫博物院藏

人之情怀，观其图有琴人之范式。

康熙年间的一道谕旨，可以证明胤禛在皇子时期的音乐造诣。康熙帝精通音律，康熙五十二年（1713年）曾指授皇三子诚亲王胤祉率同词臣于大内蒙养斋编纂音乐百科专著《御制律吕正义》，“每日进呈，亲加改正，汇辑成书”，“其编有三，上编曰正律审音，所以定尺考度求律本也；下编曰和声定乐，所以因律制器审八音也；续编曰协均度曲，所以穷五声二变相和相应之源也”[25]。在编写过程中，康熙帝命人去请教南府教习朱四美有关音律的问题：

问南府教习朱四美，琵琶内共有几调？每调名色原是怎么起的？大石调、小石调、般涉调这样名知道不知道？还有沉随、黄鹂等调，都问明白。将朱之乡的回语，叫个明白些的，著一写来。他是个八十余岁的老人，不要问紧了，细细的多问两日，倘你们问不上来，叫四阿哥问了写来，乐书有用处。再问屠居仁，琴中调亦叫他写来。[26]

康熙帝所说的明白些的人，自然是明白乐理之人，随之又点明要四阿哥去问，四阿哥即胤禛，其音律造诣由此可见一斑。

胤禛称帝后，《养心殿造办处各作成做活计清档》中，有许多有关雍正帝与琴的记载。

雍正四年（1726年），曾大规模地对宫内藏琴进行清理：

（四年二月）二十四日，总管太监王朝卿、刘国兴、安太交来：丰泽园琴二张、瀛台琴二张、掌仪司琴一张、懋勤殿琴六张、

清　佚名　雍正行乐图册·竹林抚琴
（本套"雍正行乐图"共 14 开，是册为其一）
绢本设色　纵 34.9 厘米　横 31 厘米　故宫博物院藏

敬事房琴十三张、宁寿宫琴五张、景阳宫琴一张、乾清宫琴四张、御书房琴四张、古董房琴二张、自鸣钟琴一张、所内琴一张、寿皇殿琴一张、观德殿琴一张、永安亭琴十张、毓庆宫琴二张、西花园琴八张、畅春园琴二十八张、静明园琴三张，府内太监沧洲交来琴十八张随蓝布套黄布单，造办处收贮所内琴七张，传旨："着将弦对准，于二十六日、二十七日送来呈览。钦此。"于二月二十九日呈上，留下府内琴五张并造办处收贮琴二张、永安亭琴四张。记此。于三月初二日永安亭太监张弼持去琴六张。记此。于三月初九日将琴一百零三张俱对弦准，首领太监程国用持进交总管安泰讫。[27]

（三月）十九日，据圆明园来帖内称，首领太监夏安交来琴十张，说太监杜寿传：着换弦，其琴轸足如无，换木足亦可。若不全处，些微收拾。轴上用五色绒。完时定等写帖，随琴带来。记此。于四月二十五日，收拾得琴十张，交首领太监夏安持去讫。[28]

四月初一日员外郎海望奉旨："法（珐）琅琴轸足着做些。钦此。"于四月十七做得琴轸木样九个、琴足木样六个，员外郎海望呈览，奉旨："琴轸足样准西番花、梅花，照样烧法（珐）琅，其余轸足样俱不好，另更改。钦此。"于十月十二日做得琴轸足四分，怡亲王呈进讫。[29]

四月初一日据圆明园来帖内称，太监夏安持来头等大红琴一张、小红琴一张、梅花断琴一张、牛毛断琴一张。说首领太监苏培盛传旨："琴上着换玉足玉轸，并添穗子、琴垫，着会弹琴人收拾妥贴呈览。钦此。"于六月初二日收拾得琴四张，上换得玉足、玉轸，并添穗子四幅，琴垫四个做完，交太监夏安持去讫。[30]

（四月）二十七日，据圆明园来帖内称，首领太监夏安交鸣凤琴一张系懋勤殿的、流泉蛇腹断琴一张系古董房的、丹山瑞哕蛇腹断琴一张系畅春园的、中和八宝灰琴一张、成化年梅花断焦叶琴一张、牛毛断大春雷琴一张，传旨："着收拾，其轸足不必动。钦此。"于六月初一日收拾，换得穗子六付、琴垫六付，并交来琴六张，首领太监夏安持去讫。[31]

六月初二日，据圆明园来帖内称，首领太监夏安交来琴十四张，传旨："轸足有不好处着收拾。钦此。"于七月初二日收拾得琴十四张，首领太监夏安持去讫。[32]

（八月）十六日，据圆明园来帖内称，首领太监夏安交来琴四十二张，内四十张有套，二张无套。传旨："此琴内着会弹琴人选好琴六张，分做头等一二三四五六号数。钦此。"于九月初二日将琴四十二张俱编等次号数，交太监夏安持去讫。[33]

（八月）二十日，据圆明园来帖内称，太监刘希文交来香色锦一丈四尺二寸、蓝锦一丈四尺三寸，传：着做琴套二件。记此。于九月十三日做得琴套二件，并下剩回残锦首领太监程国用持去，交太监王守贵讫。[34]

九月初二日，郎中海望奉旨："琴垫做几副，要别致得用。钦此。"于五年三月十二日郎中海望交西洋番花琴垫画样二张，着照此二张画样每样绣做鹅黄琴垫二副、紫色琴垫二副，里子用鹿皮，内抛毡铺棉花做。记此。于八月二十四日绣得黄缎琴垫二副、紫色琴垫二副，郎中海望呈进讫。[35]

（九月）二十三日，太监王守贵交来琴四张、镀金饰件腰刀一把，传旨："着认看。钦此。"于十月初九日袁景劭认看得琴四张、镀金饰件腰刀俱系好的。首领程国用持去，交太监王守贵收讫。[36]

十月十八日郎中海望持出：出等的琴三张、有等次的琴十八张，传：出等的琴着配做红漆套箱，有等次的琴着配做黑退光漆套箱。记此。于五年三月初六日画得琴套纸样四张，郎中海望呈览，奉旨："准先呈览过的、着改去寿字的琴套纸样一张，将改寿字的中心不必画花样，琴若何名就将琴名绣在上边，俱要紫色地，交与织造处织宋锦，二十一张俱要一样。钦此。"据漆作柏唐阿六达子来说，做漆套箱琴二十一张，现存库。于乾隆六年六月二十三日司库白世秀将出等的琴三张配得红漆匣三件，有等次的琴十八张各配得黑退光漆匣各随锦囊，俱刻得款持进，交太监高玉呈进讫。[37]

（十月）二十四日，首领太监程国用持来琴一张，说太监刘希文、王太平传旨："交给海望试弹。钦此。"于二十五日郎中海望试弹得此琴好琴等语回奏，奉旨："着留在里边。钦此。"[38]

档案中提到的琴将近两百张。首先，是将各处收藏的古琴汇总，呈览过目；然后，调准琴弦，缺轸足的予以补配，并谕令烧造珐琅轸足，钦定"西番花、梅花"样式；再次，着懂琴人认看，着会弹琴人试弹，分等定级，编目编号。对于不同等级的琴采用不同的收拾保护方法，甚至于在配做漆箱时即以红黑二色相别。头等琴"着会弹琴人收拾妥协"，换得玉足玉轸；而像鸣凤、流泉、丹山瑞哕、中和八宝，以及成化年梅花蕉叶断、牛毛断大春雷这样的特等名琴，传旨"着收拾，其轸足不必动"，仅仅更换了穗子。可见雍正帝对古琴非常珍视，懂得其可遇不可求的价值，要尽最大可能地保持原貌，档案中一再提及"调准弦""着会弹琴人收拾"，说明这些琴是要弹的。特别是提到琴垫，要求"别致得用"，"别致"是对设计款式花样的要求，而"得用"就是实用，就是给雍正皇帝实用的。如果是陈设琴用，只"别致"就够了，无须强调"得用"。

雍正五年（1727年）到八年（1730年），又对琴套、琴桌、琴垫的制作提出了具体的意见。琴套"交织造处织宋锦"，俱用紫色，不必画花卉，将琴名绣在套上。

（五年）三月初一日，郎中海望奉旨："着将琴套样画几张呈览。钦此。"于三月初六日，画得琴套样四张，郎中海望呈览，奉旨："照样准做。其中心不必画花卉，查此琴系何名即将琴名绣在上边。俱用紫色。交织造处织宋锦琴套二十一件送来。钦此。"[39]

（六年五月）十五日，据圆明园来帖内称，四月初九日，首领太监夏安交来黑漆琴一张，说太监刘希文传：此琴紫檀木乐[岳]山跳起，着收拾。记此。于本月二十五日，收拾得黑漆琴一张，交首领太监夏安持去讫。[40]

七年六月初三日，据圆明园来帖内称，五月二十九日郎中海望奉旨："琴套、琴铭一事交苏培盛见空代奏。钦此。"[41]

八年九月二十九日，据圆明园来帖内称，八月十七日首领太监萨木哈来说，首领太监刘玉传旨："着做长二尺七寸、宽一尺二寸六分、高八寸一分楠木琴桌一张，紫檀木桌一张，漆桌二张。其漆的做下，预备用时再安。琴垫做三副。钦此。"于九月初二日做得楠木琴桌一张，随红猩猩毡；长五寸九分、宽二寸七分琴垫一分，太监范国用持去，交首领太监刘玉收讫。于十月二十日，做得紫檀木琴桌一张、漆桌二张，太监王玉持去，交刘玉讫。[42]

（八年九月）二十九日，据圆明园来帖内称，八月二十三日首领太监夏安来说，宫殿监督领侍陈福、副侍李英传做琴弦五分。记此。于本日将京内送来琴弦五分交首领太监夏安持去讫。[43]

（八年九月）二十九日，据圆明园来帖内称，八月二十三日首领太监夏安来说，宫殿监督领侍陈福传做二等琴上用琴弦五分。记此。于本月二十九日将京内送来的琴弦五分交首领太监夏安持去讫。[44]

紫禁城西六宫之咸福宫，在乾隆年间是皇帝的书斋，后殿西室曰“画禅室”，收藏董其昌的书画；东室曰“琴德簃”[45]，庋藏雍正皇帝用过的宋制鸣凤琴与明制洞天仙籁琴。台北故宫藏有清沈源绘《琴德簃图》[46]，其上有乾隆皇帝的题跋：“我皇考所贻古琴以宋制鸣凤、明制洞天仙籁为冠，皆有御铭。每一静对，穆然神移，不待抚弦动操始知至德之和平也，因箧藏于咸福宫东室，而以琴德颜其楣，并命画史写南薰之图。嵇康赋云‘理重华之遗操，慨远慕而长思’，实获我心矣。乾隆敬识。”

乾隆皇帝的题跋与雍正四年（1726 年）四月二十七日的档案极为吻合，鸣凤一琴均排在首位；乾隆皇帝同时指明琴有御铭，而档案记载中有“琴套、琴铭一事交苏培盛见空代奏”之语。只可惜鸣凤、洞天仙籁已经流散，鸣凤一琴在乾隆庋藏琴德簃后，再未见记载；洞天仙籁在道光年间景福宫的陈设档中最后出现。景福宫位于太上皇的宁寿全宫的东北隅，在景福宫西南梢间的南边设有雕漆条案一张，上设钦定淳化阁帖等书

咸福宫正殿外景

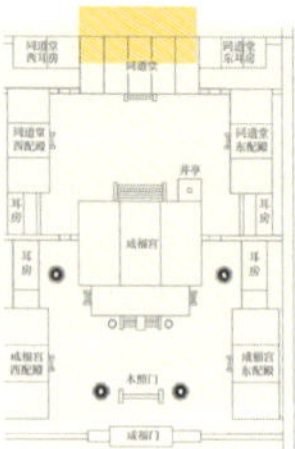

咸福宫总平面
制图：范暄

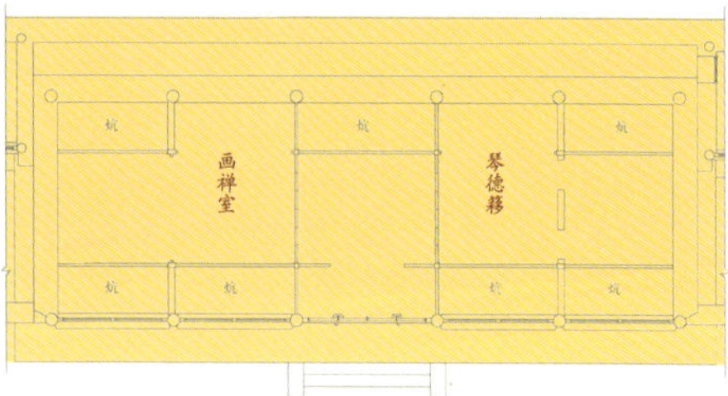

咸福宫后殿同道堂平面
制图：张雅平
乾隆年间此处西室曰“画禅室”，
收藏董其昌书画；
东室曰“琴德簃”，庋藏雍正皇帝用过的
宋制凤鸣琴及明制洞天仙籁琴

清 沈源《琴德簃图》轴
纸本设色 纵 161.8 厘米 横 146.3 厘米 台北故宫藏
其上有乾隆皇帝的亲笔题跋

籍、青玉兽耳双环扁瓶、青花白地铜口梅花瓶、木根鹤鹿仙山等陈设，还有“红漆琴匣一件，内盛明洞天仙籁琴一张”[47]。从这本陈设档的内容来看，基本是乾隆时期之物，且宁寿全宫乾隆皇帝已明确为太上皇颐养之所[48]，因而道光年间的陈设档应当说是按乾隆年间的陈设档照抄而成。当然也不排除宫内当时还有另外一张“明洞天仙籁琴”的可能性，但也有可能是乾隆四十九年（1784 年）皇帝喜得元孙，在景福宫内题“五福五代堂”匾之时，将明洞天仙籁琴从琴德簃移至此处？道光年间洞天仙籁琴仍然陈设、贮藏在景福宫[49]，之后便杳无踪迹……不知雍正皇帝对心爱的古琴到底作了怎样的御铭呢？（林姝）

注释：

1.《世宗宪皇帝御制文集》卷三十四《偶题》。
2.《世宗宪皇帝御制文集》卷二十二《雪夜即事》。
3.《世宗宪皇帝御制文集》卷二十二《舟次》。
4.《世宗宪皇帝御制文集》卷二十四《一日闲》。
5.《世宗宪皇帝御制文集》卷二十五《临轩寓目》。
6.《世宗宪皇帝御制文集》卷二十五《柳絮》。
7.《世宗宪皇帝御制文集》卷二十五《雨后园亭即景》。
8.《世宗宪皇帝御制文集》卷二十六《园景十二咏之深柳读书堂》。
9.《世宗宪皇帝御制文集》卷二十五《题墨竹一十二首其八》。
10.《悦心集序》。
11.《悦心集》卷一，仲长统《乐志论》。
12.《悦心集》卷一，陶潜《归去来辞》。
13.《悦心集》卷二，黄干《论琴》。
14.《悦心集》卷一，王绩《答冯子华书》。
15.《悦心集》卷一，刘禹锡《陋室铭》。
16.《悦心集》卷二，苏轼《述怀调行香子》。
17.刘桂林：《雍正帝胤禛》，参见左步青主编：《清代皇帝传略》，第147页，紫禁城出版社，1991年。
18.《世宗宪皇帝御制文集》卷二十九《夏日勤政殿观新月作》。根据诗句排列顺序，前为《暮春杂咏》，后有《戊申除夕守岁》，可考知作于雍正六年。
19.《世宗宪皇帝御制文集》卷三十《偶题》。根据诗句排列顺序，可考知卷三十收录雍正八年至十三年诗作，而此诗作于雍正十三年。
20.《世宗宪皇帝御制文集》卷三十《深柳读书堂避暑》。亦为雍正十三年作。
21.《世宗宪皇帝御制文集》卷五《圆明园记》。
22.《世宗宪皇帝圣训》卷六。
23.参见张恩荫：《圆明大观话盛衰》，第20页，紫禁城出版社，1998年。
24.《世宗宪皇帝御制文集》卷八《朱批谕旨序》。
25.《国朝宫史》卷二十九《御制律历渊源》之《世宗宪皇帝御制序》。
26.故宫博物院掌故部编：《掌故丛编》，第52页，《圣祖谕旨》，中华书局，1990年。
27.中国第一历史档案馆、香港中文大学文物馆合编：《清宫内务府造办处档案总汇》（以下简称《造办处档案总汇》）第2册，第336页，《杂活作》，人民出版社，2005年。
28.《造办处档案总汇》第2册，第343页，《杂活作》。
29.《造办处档案总汇》第2册，第294页，《珐琅作·大器作》。
30.《造办处档案总汇》第2册，第345页，《杂活作》。

31.《造办处档案总汇》第 2 册，第 349 页，《杂活作》。
32.《造办处档案总汇》第 2 册，第 352 页，《杂活作》。
33.《造办处档案总汇》第 2 册，第 357 页，《杂活作》。
34.《造办处档案总汇》第 2 册，第 386 页，《皮作》。
35.《造办处档案总汇》第 2 册，第 387-388 页，《皮作》。
36.《造办处档案总汇》第 2 册，第 361 页，《杂活作》。
37.《造办处档案总汇》第 2 册，第 167-168 页，《漆作》。
38.《造办处档案总汇》第 2 册，第 365 页，《杂活作》。
39.《造办处档案总汇》第 2 册，第 717 页，《画作》。
40.《造办处档案总汇》第 3 册，第 211-212 页，《油漆作》。
41.《造办处档案总汇》第 3 册，第 580 页；第 4 册，第 194 页，《记事录》。
42.《造办处档案总汇》第 4 册，第 460 页，《木作》。
43.《造办处档案总汇》第 4 册，第 626 页，《皮作》。
44.《造办处档案总汇》第 4 册，第 627 页，《皮作》。
45.《国朝宫史》卷十三。
46. 台北故宫编印：《故宫书画图录》第 12 册，第 411 页，台北故宫，1993 年。
47. 故宫博物院图书馆藏：《景福宫陈设》（陈 724，道光十五年十二月）。
48. 乾隆五十九年（1794）十月初四日，乾隆皇帝特颁训谕："乃朕称太上皇后颐养之所，地在禁垣之左，日后必不应照雍和宫之改为佛宇。其后之净室佛楼，今即有之，亦不必废也。其宫殿永当依今之制，不必更改。若我大清亿万斯年，我子孙仰膺昊眷，亦能如朕之享国日久，寿届期颐，则宁寿宫仍作太上皇之居。"参见庆桂等编纂：《国朝宫史续编》卷四，第 39 页，北京古籍出版社，1994 年。
49. 此琴见于《景福宫陈设》（陈 724，道光十五年十二月）、《景福宫陈设档》（陈 419，道光十八年钞本）、《景福宫陈设档》（陈 571，道光十八年钞本）、《景福宫》（陈 408，道光十八年钞本）、《景福宫库存陈设档》（陈 584，道光年钞本），以上陈设档均藏故宫博物院图书馆。其中一本为《景福宫库存陈设档》，可知其陈设的功用已让位于库存。

皇帝的玩具

汉成帝首创弹棋

弹棋是古代博戏之一种，本作“弹碁”，现在写作“弹棋”。弹棋首创者为汉成帝，之后便流行于宫中。魏晋时达到鼎盛，唐代曾有改进，唐以后绝迹，宋时已不可考其形制。

汉成帝刘骜，酷爱蹴鞠，踢弄不辍。文武群臣以为此戏运动量过大，不为皇帝所宜，因劝谏阻拦。成帝却说：“这是我所喜爱的游戏，不能不玩。你们可以选取一种类似蹴鞠而不劳体力的游戏，奏报上来。”于是，刘向就根据蹴鞠的法则，创制了弹棋，献给成帝。帝大悦，赐青羊羔和紫丝履（葛洪《西京杂记》卷第二）。从此，中国就有了弹棋之戏。《后汉书·梁统传》附梁冀传：“能挽满、弹碁、格五……意钱之戏。”说明

汉画像石“弹棋图”拓本

弹棋至少在宫中十分流行，并与格五、意钱等博戏处于并列的地位。

弹棋最初为12子，黑白各6子，以木为之。棋盘用石板制成，两人对博，“先列棋相当，更先弹也;其局以石为之”（范晔《后汉书》注）。棋盘中央隆起，四周平齐，棋子置两侧，以手弹子，使子越过中央滚向对方，击中对方之子为胜。

东汉冲帝、质帝以后，弹棋在宫中衰落，此技几乎中绝。献帝建安中，曹操执政，禁令颇多，竟有宫中禁弈之举，举凡博弈之具，一律不得妄置宫中。宫人枯寂无聊，因以金钗、玉梳等梳妆具在梳妆匣子上模仿弹棋之法而戏弄之。魏文帝曹丕继位之后，喜作弹棋之戏，宫中朝臣名士无不争能（《太平预览》引，《弹棋经后序》)。

文帝还作《弹棋赋》以叙其情，赋中有“文石为局”“丰腹高隆”“二八次举”等语，透露了弹棋的形制信息。此时弹棋已改为16子，黑白各8子。文帝弹棋不用手，而用手巾角拂棋，无不中的。又有棋客自谓有绝技，魏文帝立即召见。客至不用手，也不用手巾，而是低下头，以头上所戴葛巾角拂棋，尤为精妙，文帝不能及（徐震堮《世说新语校笺》巧艺第二十一）。据《典论》载，文帝曾自叙曰:“戏弄之事，少所喜，惟弹棋略尽其妙。少时尝为之赋。昔京师少工有二马、合乡侯、东方世安、张公子，常恨不得与之对也。”合乡侯是后汉马援之孙马朗，曾封为合乡侯。当时与东方世安、张公子等人皆为弹棋高手。

唐代弹棋尚有流传，增至 24 子，黑白各 12 子。唐顺宗李诵甚好弹棋，当时有吉达、高釴、崔同、杨同愿等皆为一时名手。唐以后，弹棋之戏渐绝迹。

汉武帝魏文帝喜投壶

投壶，以特制的壶为目标，用箭投掷，以投中之多寡决胜负。本为古代宴会上的礼仪形式，汉以后演化为游戏。

汉代，投壶发生了突破性改进，省去了繁缛的礼节，注重投掷的技巧，使这种游艺具备了更强的娱乐功能，且增加了趣味性。汉武帝很喜欢投壶。其时，有郭舍人善投壶，改用竹制的箭矢，不再使用带皮的柘枝。而且壶中不再实小豆。原本充

东汉画像石拓本“投壶”
河南南阳出土

填小豆是为了防止箭矢反弹出壶，今不仅不实小豆，还有意令矢激壶而反弹。反弹之后再接矢在手，谓之“骁”。郭舍人可达“一矢百余反”的程度。郭舍人每为武帝表演投壶都会得到金、帛的赏赐（葛洪《西京杂记》）。大概从那时起，投壶所用的箭都用竹子制作了。

清　铜投壶
故宫博物院藏

汉代的投壶实物于 1969 年在河南济源县泗涧沟出土，长颈，丰腹，平底，下设三足，造型类似后世的天球瓶，肩腹部有两道堆贴的花纹，遍体施透明釉。从这种壶的造型与材质上，都无法想象，那种以矢激壶，“一矢百余反”的技艺是怎样实现的。或许还有更宜于令矢反弹的壶，也未可知。

上文所说，三国时喜欢弹棋的魏文帝也喜爱投壶。当时，邯郸淳博学有才，黄初年间为博士，曾撰《投壶赋》千余言，奏魏文帝，文帝以为工，赐帛千匹。《投壶赋》中有句云："盘腹修颈，饰以金银，文以雕镂。"可见三国时投壶的用具相当奢华。

武则天打双陆

双陆属古代棋类玩具，因局中左右各六路故名，也作"双六";又有"握槊""长行""波罗塞戏"等别称，终不及"双陆"之名普遍而常见。

唐（传）周昉　内人双陆图（双陆局部）摹本
原画藏美国弗利尔美术馆

明 牙雕染色双陆棋子
故宫博物院藏

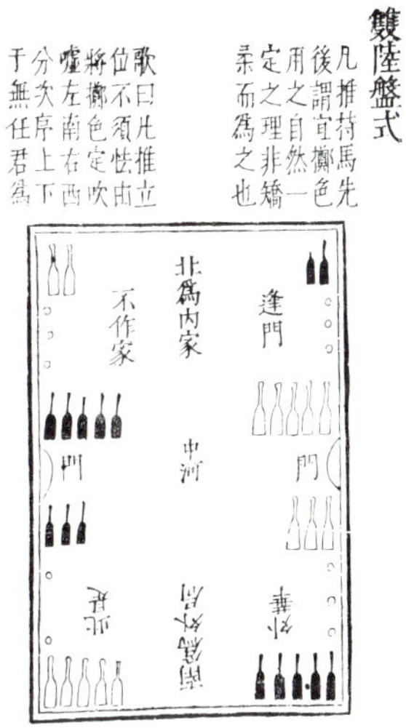

明 王圻《三才图会》(乾隆刊本)内页
明版刻图绘之“双陆盘式”

双陆不是中国人的发明，据北宋初晏殊考订，双陆始于古印度，就是《大般涅槃经》所说的波罗塞戏。三国魏黄初年间传入中国，盛行于南北朝至宋元之间，明清以后逐渐衰落。双陆的分布范围颇广，在国外，有日本双陆、真腊（今柬埔寨）双陆、大食（阿拉伯国家）双陆；在国内有北双陆、广州（番禺）双陆等。各国各地的布局方法和着法均有不同。

双陆的棋盘为长方形，分左右两阵，前后各六路，称为梁，即前梁与后梁。每一梁上分别布棋子，称为“马”。以北双陆为例：

唐　螺钿双陆棋盘及盘面
新疆阿斯塔纳出土

辽　双陆棋盘及棋子
辽宁省法库县叶茂台辽代墓葬出土

黑白各十五马，按照“右前六梁、左后一梁各布五马；右后六梁二马;左前二梁三马”的规则布子,黑白对称。据南宋《谱双》称：双陆子有两种，南双陆的子为棋子状，北双陆的子为“捣衣椎”状。所谓捣衣椎，就是用木料车制的上小下大、平底的造型。日本双陆所用双陆子基本与围棋子相同。

双陆在唐代宫中十分盛行，中宗、高宗、玄宗、武则天等帝王以及狄仁杰、杨玉环等重臣、贵妃均有与双陆相关的轶闻流传。武则天专权时，不立太子，多为朝臣所忧，而无人敢直谏。李肇在《国史补》中记载，一天，武则天问狄仁杰：“夜梦与人双陆不胜，这是什么预兆？”狄仁杰趁机进言：“双陆不胜，象征宫中‘无子’。”借此劝谏武则天尽快立嗣。这则轶闻说明，武则天一定有打双陆的经历，方有此梦。还有一次，武则天让狄仁杰与她的男宠张昌宗打双陆。狄仁杰其时很看不起张昌宗者流，入局后，武则天问他“何以为赌”。狄仁杰说，就赌张昌宗所穿的“集翠裘”。结果，狄仁杰赢了那件珍贵的皮衣，但一出门就赏给家奴了，以此表示对张昌宗的鄙夷。

辽代与皇室相关的贵族，喜欢双陆者，并非孤证。《辽史》中可见到辽兴宗与太帝重元赌赛双陆的记载。兴宗耶律宗真与重元狎昵，酒酣之时，许以万岁之后传位重元，重元喜甚，骄纵不法。曾与兴宗打双陆，以居民城池为赌资，兴宗屡次败北，输掉城邑数座。重元有恃无恐，变本加厉，朝臣无敢言者，道

清　玉双陆棋及骰子等

故宫博物院藏

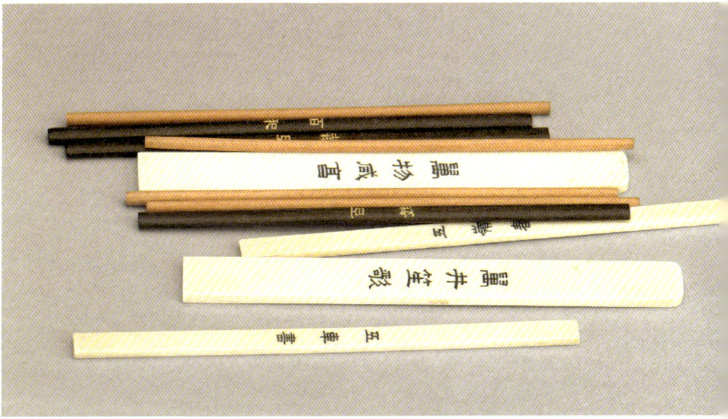

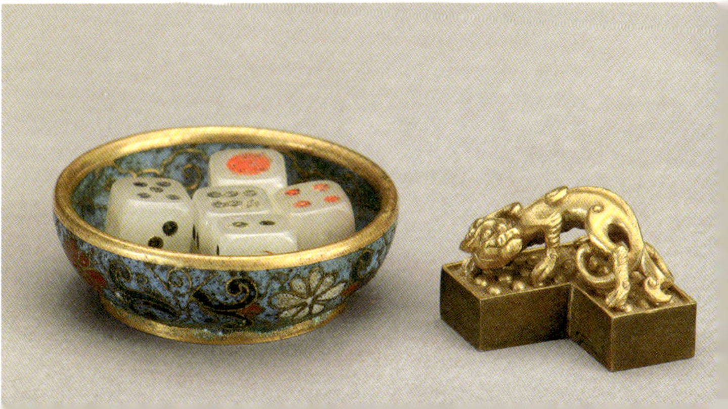

路以目。有一天，兴宗再与重元对局，伶官罗衣轻指着棋盘说道：“双陆，你不要太傻了，连你都输光了！”兴宗始有所悟，从此不再打双陆（《辽史·罗衣轻传》）。

唐玄宗改骰子

骰子俗称“色子”，圆角正方体，六面分别刻一点至六点。投掷计数以决胜负，因名“投子”。后改用骨质或牙质因从“骨”而名“骰子”。点着色，因又名“色子”。骰子在历代的名称不尽相同，计有“投子”“穴骰”“明琼”“六红”“六赤”“投琼”“色子”等。所掷点数称“彩”。

骰子，唯“一”与“四”为红色，其余尽为黑色。四为红，是唐玄宗改定的。据《潘氏记闻谭》称，唐玄宗之前，骰子点数只“一点”为红，余尽黑。一日，唐玄宗与杨贵妃掷骰子赌彩，眼看皇上就要败北；此时轮到玄宗掷彩，唯掷出“双四”方有可能转败为胜。于是，皇帝在掷彩时连呼“四、四”。两只骰子在盆中宛转良久，居然皆为四点。“上大悦”，遂命高力士赐骰子中的四为绯色。自此，中国骰子中的四点始为红色，至今依然（高承《事物纪原》卷九）。骰子掷彩，偶然性极强，几乎全部听天由命，不能预料。骰子的彩点又会生出无穷变化。李清照以 3 枚为度，采集常用各彩 56 种。其实 3 枚骰子所掷彩数应为 6 的三次方，即 216 种。

这种偶然性极强的玩具，曾经用于重大事件的决策，这是极为荒谬的行为。《五代史·吴越世家》记载：董昌素愚，不能决事，面临属民诉讼，则以原告、被告掷骰子为准，胜者胜诉，负者败诉。《辽史》记述，兴宗晚年倦于朝政，用人不能自择，令待选者掷骰子决定，胜者官之。骰子在政事中发挥的作用，是骰子本身所不应有的功能。

乾隆皇帝买泥人

近人徐柯在《清稗类钞》中记载着这样一件事：乾隆皇帝南巡，驾至无锡惠山。山下有“王春林泥人铺”，专售泥人。

清
无锡泥人“阿福”

所卖泥人做工精妙、技巧万端。乾隆即命制作泥孩儿数盘，并加上锦片、金叶等装饰。进贡内廷时，皇帝大加赞赏，赏赐金银丝帛甚丰。一直到光绪年间，王春林所做的泥孩儿仍存放在颐和园佛香阁内。庚子事变时，被外国人带走了。

惠山泥人也叫无锡泥人，当代又称“惠山彩塑”“无锡彩塑”或“无锡惠山彩塑”，这是以产地冠名的著名民间工艺品。乾隆年间，开始出现泥人作坊，在惠山“上河塘”一带，有钱、袁、朱、蒋四姓人家开设专门经营泥人的手工作坊，前店后坊，制作与销售均自家经营。这一时期的作品都是儿童玩具，亦称“耍货”。已知的品种有蚕猫、车老虎、车状元、车小尼姑下山、小花囡、如意囡、阿福等。乾隆南巡共六次，徐柯所记不知是哪一次。若此说不诬，那么此时的泥玩具已经达到了“工作精妙，技巧万端”的程度，并且在“卖泥人铺”中出售了，应是相当精彩的作品。乾隆订做的泥孩儿很可能就是阿福、花囡等造型。

道光帝写消寒图

故宫博物院现藏清代九九消寒图实物，传为道光帝手书，当年曾置南书房，由翰林院填写。徐柯《清稗类钞·时令类》：“宣宗御制词，有‘亭前垂柳珍重待春风’二句，句各九言，言各九画，其后双钩之，装潢成幅，曰九九消寒图。题‘管城春满’四字于其端。南书房翰林日以‘阴晴风雪’注之，自冬至始，日填一画，凡八十一日而毕事。”

九九消寒图简称“九九图”,民间计日游戏图。绘九组圆圈，每组九枚，共八十一圈，自冬至日始，每日填一圈，至九九填满，冬尽春来。最早的九九消寒图见于元代,剪梅花一枝,八十一朵，贴在窗户上。每日佳人晓妆时，用胭脂染一朵，八十一朵染尽，梅花就变为杏花，春天也就到了。元杨允孚《滦京杂咏·卷下》有诗曰:“试数窗间九九图，余寒消尽暖回初。梅花点遍无余白，看到今朝是杏株。”诗中所说就是这件事。

填涂九九消寒图之俗于明代前期传入宫廷，刘若愚《明宫史》称：“冬至节，宫眷内臣皆穿阳生补子蟒衣。室中多挂绵羊太子画贴。司礼监刷印九九消寒诗图,每九诗四句,自‘一九初寒才是冬’起，至‘日月星辰不住忙’止，皆瞽词俚语之类，非词臣

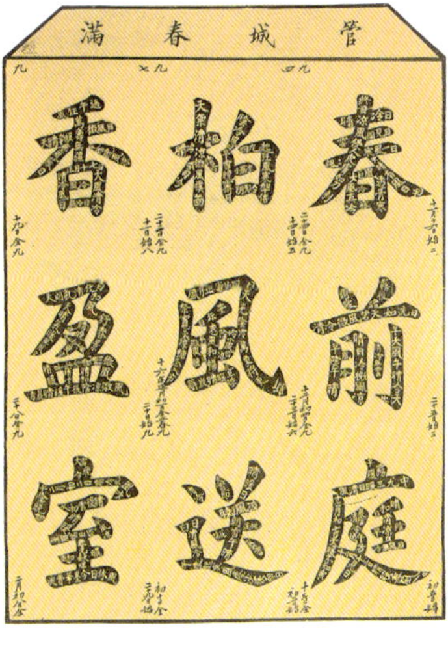

九九消寒图之
“春前庭柏风送香盈室”

故宫养心殿后殿西梢间所挂九九消寒图之
“亭前垂柳珍重待春风”

应制所作，又非御制，不知缘何相传，年久遵而不改。近年多易以新式诗句之图二、三种，传尚未广。”所谓“绵羊太子画贴”即“三羊开泰”图，与上述弘治拓本所示相近。司礼监刷印九九消寒图，说明此图需要量较大，应用较多。明代宫廷填画消寒图当是普遍行为，此俗一直传至清末。

清代填涂九九图，又有了新的规矩，在每一圆圈内，填涂位置的不同，将记录当日不同的天气。富察敦崇《燕京岁时记》说:“消寒图乃九格八十一圈。自冬至起，日塗一圈，上阴下晴，左风右雨，雪当中，此事予儿时曾为之。”即阴天点染圆圈的上部，晴天点染下部，刮风点左，下雨点右，下雪则点染中央。这样的点染，将保留一部冬季气象的记录档案，若积累数年，则在气象学上具有重大意义。

清晚期，消寒图再次出现变化，出现了“写九”的作法，写出九个双钩空心的汉字，每个汉字均为九画，象征“一九”，每天填写一画，九字填实，冬尽春来。最为流行的九字是“亭前垂柳珍重待春风”，又有“春前庭柏风送香盈室”“真是活财神来到咱家”等。

明清皇帝赏元夕

明代，元宵放灯已成定制，自朱元璋建都南京，即订下了元宵燃灯 10 天的规矩。永乐迁都北京后，仍沿旧制，自正月初八上灯至十七落灯，共计 10 天，比宋代增加了 5 天（刘侗、于奕正《帝京景物略》卷二）。永乐七年（1409 年），元宵节期间赐百官假日 10 天，明代晚期改为赐百官假期 5 日，除内臣近侍、朝臣阁部正、外臣计吏之外，其余百官皆可入市与民同乐。朝廷对元宵节非常重视。宫中放灯也成定制，上元之前，在乾清宫前面的丹陛上树立 7 层牌坊，形同鳌山。或者在寿皇殿前搭建“方圆鳌山灯”，最高时达 13 层。委派近侍上灯。钟鼓司负责作乐；内府提供库存蜡烛；内宫监预备奇花、火炮、巧线、盒子、烟火、火人、火马之类，至元夕燃灯放烟火（刘若愚《明宫史》）。

明　佚名　明宪宗元宵行乐图卷（局部）
中国国家博物馆藏

宫中元宵情景可见于中国国家博物馆藏《明宪宗元宵行乐图》。这是一幅著名的工笔重彩画作，高 36.6 厘米，通长 630.6 厘米，以长卷形式描绘了元宵节期间，成化皇帝参与的种种游乐活动。宫中效仿民间风俗，张灯结彩，搭建鳌山灯棚，燃放烟花爆竹，并表演杂技百戏。图中所绘鳌山，被沈从文先生断定为“传世明代最具体鳌山灯棚形象”。鳌山如史书所载搭建如山，“最高有十三层者”。此处鳌山满布球形花灯，四角出挑带华盖的彩灯，中央有券门，也悬灯。灯山应为四门，通往四方。鳌山上层有“八仙庆寿”灯景。鳌山前景为杂技百戏，有顶竿献艺，锣鼓伴奏，又有“钟馗嫁妹”戏文行进。鳌山右侧可见小儿持蟾蜍灯与兔子灯，行进戏文中有挑灯、扛灯、擎灯者。

《行乐图》的另外一段，为某宫门前的景象。宫门悬三枚巨灯，门里院落中立有彩绘高柱，柱两侧悬两排彩灯。可见六角宫灯、六棱瓜灯及球灯。宫门前有戏文行进，角色均披挂纸扎“竹马灯”。这种灯分前后两截，竹扎骨架，糊纸，彩绘，内燃蜡烛，拴挂在角色的前后身上，形同骑马。正对宫门是四人骑马交战戏文，应为“三英战吕布”。前面有一人推动旋转的滚灯，灯中设“万向轴”，不论灯球如何旋转，中间的蜡烛始终直立。灯前是“月明和尚度柳翠”戏文，后面则是“百蛮献宝”。图中还能见到“白象灯”“人物灯”和各式花灯。又见宪宗，身穿一件淡赭皇袍，坐在黄色丝绸的幄帐之下的宝座上，观看庆贺活动。

明武宗正德皇帝更加重视元宵节，“自即位以来，每岁张灯为乐,所费以数万计。库贮黄白蜡不足,复令所司补之”。据《明武宗实录》第一〇八卷称，正德九年（1514年）元宵期间因大肆燃灯而引起火灾。“宁王宸濠别为奇巧以献。遂令所遣人入宫悬挂。传闻皆附着柱壁，辉煌如昼。上复于宫廷中依檐设毡幙，而贮火药于中。偶弗戒，遂延烧宫殿，自二鼓至明，俱尽。火势炽盛时，上犹往豹房省视。回顾，光焰烛天，戏谓左右曰：‘是好一棚大烟火也。’”宫中火起，炽盛薰天，皇帝却浑然不觉，误为一棚大焰火，可谓昏瞶至极。

清代宫廷也重灯节，宫中张灯庆赏元宵。宫中仍设鳌山。乾隆朝，元宵节在乾清宫大摆宴席，招待群臣，并建鳌山。这鳌山与明代不同，预先于去年秋季收养蟋蟀，点灯前预置鳌山之中，宴罢乐止，唧唧的虫鸣声自灯中传出，别具一格（江启淑《水曹清暇录》卷十六）。

清代内阁中书赵翼，记录上元皇家灯火于《簷曝杂记》，上元日，在圆明园，“日既夕，则楼前舞灯者三千人列队焉，口唱《太平歌》，各执彩灯，循环进止，各依其缀兆，一转旋则三千人排成一‘太’字；再转成‘平’字；以次作‘万’‘岁’字，又以次合成‘太平万岁’字，所谓‘太平万岁字当中’也。舞罢则烟火大发，其声如雷霆，火光烛半空，但见千万红鱼奋

清　佚名　胤禛十二月景行乐图轴·腊月赏雪
绢本设色　纵 184.5 厘米　横 103 厘米　故宫博物院藏

清　佚名　弘历元宵行乐图轴及局部（后页）
绢本设色　纵 302 厘米　横 204.3 厘米　故宫博物院藏

迅跳跃于云海内，极天下之奇观矣”。

清代的烟火也受宫廷重视，雍正乾隆朝每逢元宵都在“西厂”燃放烟火。皇帝亲临观赏。赵翼《檐曝杂记》卷一又称：“上元夕，西厂舞灯，放烟火最盛。清晨先于圆明园宫门列烟火数十架，药线徐引燃，成界画栏杆五色。每架将完，中复烧出宝塔楼阁之类，并有笼鸽及喜鹊数十在盒中乘火飞出者。……舞罢则烟火大发，其声如雷霆，火光烛半空，但见千万红鱼奋迅跳跃于云海内，极天下之奇观矣。”《清稗类钞》也记康熙上元烟火：“则火发于筒，以五为耦，耦具五花，抢升递进。乃举巨炮三，火线层层，由下而上。其四箱套数：若珠帘、焰塔、葡萄、蜂蝶。雷电车鞭，川奔轴裂，不一而是。又既，创九石之灯，中藏小灯万。一声进散，则万灯齐明……次第作响，火械所及，节奏随之，霹雳数声，烟飞云散，最后一箱有四小儿从火中相搏坠地，炮声连发，另有四小儿衣花裲裆，杖鼓拍板，作秧歌小队，穿星戴焰，破箱而出，翕倏变幻，难以举似。”

《清稗类钞》除记上述康熙元夕烟火之外，又记“嘉道以前”，“乾隆时”“咸丰时”“光绪时”等清室历朝烟火盛事，该书引文皆不注出处，当另有所本：“嘉道以前，圆明园正月十五放和合，例也，和合即烟火盒子。大架高悬，一盒三层。一层为‘天下太平’四大字；二层为鸽雀无数群飞，取放生之意；三层为四小儿击秧歌鼓、唱秧歌，唱‘太平天子朝元日，五色云车驾六龙’一首。”此处所记与赵翼在《檐曝杂记》中所记相近，都是御驾圆明园看焰火事。所记盒子中出“四小儿”唱歌击鼓，与前文所说康熙盒子最后一层有“四小儿从火中相搏坠地”相类，大约清初这种小儿题材的烟火很流行。“乾隆时，秦淮画舫竞放烟火，为河上大观，士女空巷而出。如水鸭、水鼠、满天星、遍地锦、金钱、银台、赛月明、风车、滴滴金者，不一其名，不一其巧，游者试凭红板桥阑。望东水关及月牙池前，灯影烛天，爆声溅水，升平景象，诚非图画所能尽之也。”“光绪时，则由内务府营造司设厂放新奇烟火，元宵前数日，率小工数十，用红横黄绊拴抬，由菜市口进宣武门，络绎于途。有像形五彩凤凰、孔雀、锦鸡、白鹤，并用松柏扎大小狮子、虎豹、麒麟之类。燃放时，空中停顿变换成花。此即孝钦后请各国公使夫人同观之烟火也。”孝钦后即慈禧太后，请各国公使夫人同看烟火，必定竭尽全力燃放最好的烟火，可惜这“新奇烟火”，语焉不详，大略可知的是“空中停顿，变换成花”，应与现代“礼花”接近。（王连海）

清　丁观鹏、郎世宁、唐岱等合绘
弘历雪景行乐图轴
绢本设色　纵 289.2 厘米　横 197 厘米
故宫博物院藏

小皇帝的玩具

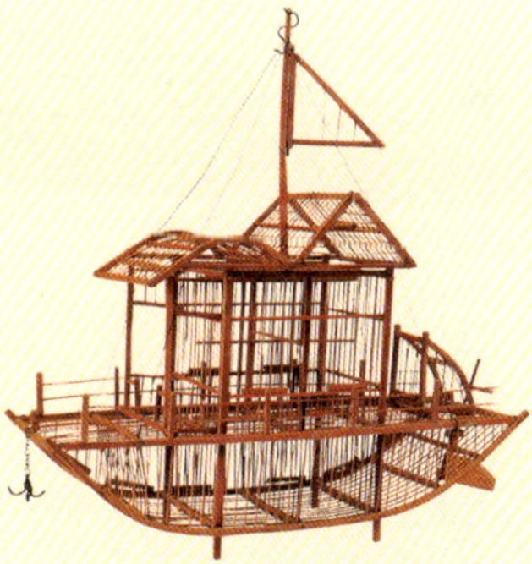

在清代的紫禁城，皇太后们为了让年幼的皇帝和皇子们享受到童年的欢乐，采买、制作了大量玩具供其玩耍。按照宫内的旧俗，皇帝长大后须将其所玩的玩具烧掉，而不会传到下一代皇帝手中。但从清后期同治朝开始，连续三位皇帝都是幼年登基，他们的许多玩具都得以保留，这些玩具种类庞杂，既有中国传统玩具，也有很多购买自西方的玩具。各式各样的玩具伴随着清宫的小主人一起成长，也为我们打开另一扇认识宫廷娱乐生活的窗子。

清　佚名　庭院游戏图轴
纸本设色
全轴纵 113 厘米　横 53.5 厘米

中国自古是农业大国，掌握节气至关重要。不同时节做什么事，举行哪些活动渐成习俗，各项娱乐活动应运而生，应节应景的玩具也相继问世。正月十五元宵节打太平鼓、玩花灯，清明时节放风筝、荡秋千、抖空竹，端午龙舟竞渡，七夕拜月，中秋赏月玩兔儿爷，重阳时节斗蟋蟀，数九天点画九九消寒图（其中游戏玩耍的主体或不仅仅局限于小皇帝，也可能包括皇女、嫔妃及宫娥玩伴等）……时节风俗虽然宫廷与民间一致，但其相关器物用度往往更加考究（尤其是专门制作者）。

太平鼓

康熙皇帝的八子允禩在《上书房消寒诗录》中有咏《太平鼓》诗:“六街击鼓散春声，茧纸团圆熨贴平。不比花腔传乐府，只需信手打愁城。饧箫远近来相合，竹马前头韵自迎。腊后大酺刚十日，果然雨点落轻轻。”非常形象地描绘了冬日京师玩太平鼓的景象。太平鼓又名年鼓，“铁为圈，木为柄，柄系铁环，圈冒以皮，击之冬冬然，名‘太平鼓’。京师腊月有之，儿童之所乐者”。柄下挂数串金属环，舞动时可发出清响，玩时且击且舞，亦可唱“太平歌词”。

清宫画家所绘《庭院游戏图》中，面带笑容穿蓝色便服的大阿哥正要点炮竹，一边红袍绿褂有点害怕又好奇的小公主，左手所持正是太平鼓——淡粉色的太平鼓面中心饰福寿（蝙蝠寿字）纹，公主右手持小槌以击鼓，也是太平鼓标准的玩法。每遇腊月时节至来年正月，数十天年节庆典里太平鼓声不断，《弘历元宵行乐图》中也可见儿童舞太平鼓的形象，只是与标准形制相比少了鼓柄与铁环。

放风筝

清明时节春风习习，正是放风筝的好时机。档案有“乾隆八年二月二十一日……太监高玉交福禄寿风筝一个，蝴蝶风筝一个，魁星风筝一个”的记载。清宫制作的风筝用料造型与民间风筝基本相同，但也有独特之处。故宫现存数件清晚期风筝实物，质地或纸、绢或绫子，造型有龙、蝴蝶、鲶鱼，但在主体图案上往往再装饰如海水江崖、龙纹、宫殿等皇家独有的图案，是民间所没有的。除此以外应该还有一种字形风筝，宫廷画师所绘《旻宁行乐图》中可见。道光皇帝端坐在远景的凉亭

纸鲶鱼风筝

风筝上绘有海水江崖、宫殿及仙鹤等纹样。

纸龙式风筝

（“澂心正性”）内，画面前景两位较年长皇子（题签“皇四子”“皇六子”）在芳润轩中写字绘画，两亭之间空地上三名年幼皇子（题签“皇七子”“皇八子”“皇九子”）正在放风筝，风筝的形状却是实物中所不见的红色“福”字和绿色“喜”字。画中的旻宁慈爱地望向小皇子，意境与乾隆《清明》诗颇合：“红杏都含宿雨润，绿杨不动晓风轻。纸鸢竹马儿童戏，鸠杖莺衣父老迎。”

兔儿爷

兔儿爷，明人纪坤《花王阁剩稿》中记：“京中秋节多以泥抟兔形，衣冠踞坐如人状，儿女祀而拜之。”可知兔儿爷最初是人们将月宫中的玉兔人格化、形象化为泥塑，并在祭月时

泥兔儿爷
晚清宫廷为小皇帝准备的彩塑兔儿爷，造型不拘，大者高50多厘米，小的不足10厘米，人脸人身，“三瓣嘴”，长耳朵，个个手持捣药杵，身披红袍外着铠甲，神采奕奕又可爱；有的骑鹿骑虎，有的为便于小手握住而将兔儿爷的“坐骑”塑成坐堆，上饰色彩艳丽的骆驼、牡丹……这些实物现在看来依然鲜亮，充满浓郁的生活气息。

一起祭拜。到清代，兔儿爷变成了典型的节令儿童玩具，不但风靡，而且种类繁多，《都门杂咏》有“瞥眼忽惊佳节近，满城争摆兔儿山”之句。“每届中秋，市人之巧者用黄泥抟成蟾兔之像以出售，谓之兔儿爷。有衣冠而张伞者，有甲胄而带纛旗者，有骑虎者，有默坐者，大的三尺，小的尺余……”（富察敦崇《燕京岁时记》）。

泥兔儿爷

过家家

儿时“过家家”的游戏与现实生活最为贴近，最受小孩子的欢迎。清宫旧藏生活类文物中居然也有许多“过家家”的小玩具，均模仿自生活中实用的家具、工具、炊饮用具等，如小瓷茶具，成套“西洋”铜累丝小桌椅，藤编小篮子，竹制船形鸟笼、小纺车 ……这类玩具大多是由人从市场上采买，也有造办处所制。小纺车，手摇把柄和传动的纺轮非常精细，甚至可以进行简单的缠线。小银船、船形鸟笼等构造复杂，堪与手工

银质小如意

小水烟袋

铜累丝小桌椅

银质烧蓝小锁

藤编小篮子

竹质小纺车

锡质小火锅

瓷质小茶具

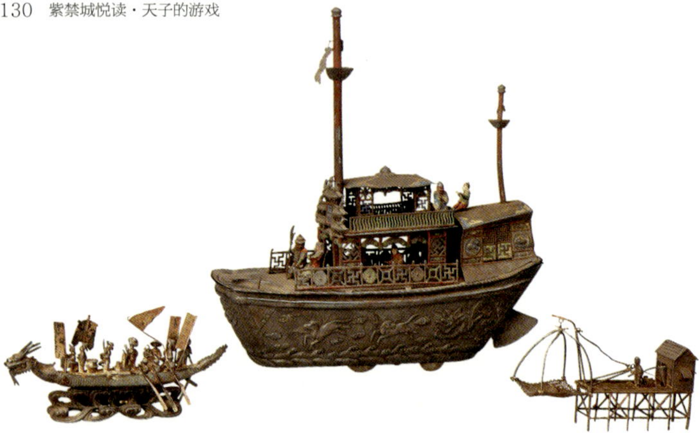

小银船

小船为中国传统式样，船体还有突出的麒麟、摩羯纹饰，船舱阁楼有中式窗，但是船底有轱辘，船尾可上弦，很可能是一件可在地上跑的玩具旱船。

洋铁轨道小火车

清同治时期张德彝编撰的《欧美环游记》中对英国伦敦出售玩具火车有如下描述："本港卖有火轮车式。车长七寸，宽三寸，高五寸，质系黄铜，烟筒、轮机、水管、煤槽各器皆备，与大车无异。另一木圈，周约丈许，上按铁辙如环形。欲演其车，即燃酒以代煤，令水沸激，轮自能弛绕木圈之上。"这件玩具火车与描述大体相同，只是轨道非木质而是铁质，节节轨道通过两端设置的插孔衔接。

船式竹鸟笼

小床及洋娃娃

此件娃娃四肢可动，眼睛可眨。专门配有软垫小床，外面有罩绸幔帐装饰，非常精致。当时进入宫廷的洋娃娃主要来自德国、荷兰、法国等地，从娃娃的样貌、中式服装发式以及幔帐样式看，制作者应是专为符合中国传统审美而特别设计。

洋铁小飞机

小风扇

模拟真电扇，左侧一架为铜质木柄，大小比手掌略大，捏合手柄扇叶即可转动；右边玳瑁花色风扇内有齿轮，下衔金属按钮，向上推动按钮齿轮带动扇叶即可扇风，其背后标有英文“英格兰制造”字样。

艺品婉美。另有时代可能更晚、明显是舶来的洋铁带轨道小火车、小飞机“模型”，也是真实生活的写照，虽然具体进入宫廷的时间已不可考，但当时一定是市面上最“时新玩意”。

动脑筋

玩具里必备的益智类清宫里也有，皇帝后妃玩的围棋、象棋、纸牌自不必说，还有小皇子们也玩得不亦乐乎的蒙古棋，可以学知识的动物纸牌、七巧图，甚至还有来自英国和法国的积木、金属插件拼接玩具。这类玩具锻炼逻辑思维，启发儿童思考，关键是可以“边玩边学”，融娱乐竞技于一处。

中式“积木”——七巧板与益智图
七巧图是清宫传统玩具，源自宋代的“燕几图”和明代的“蝶几图”，清代童叶庚更根据七巧板创造了益智图，使其排列组合更加丰富。

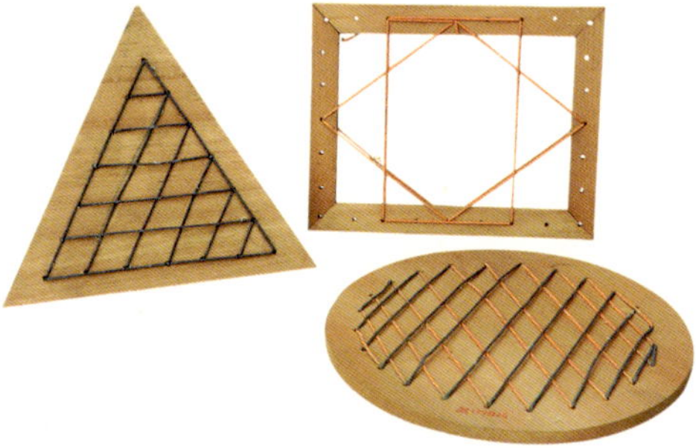

穿线板

清末由上海商务印书馆制造的教育玩具，是在不同形状的薄木版上设圆孔，用两头穿有铁针的彩色线在圆孔上穿插，组合成多种几何图形，可锻炼形象思维能力。

法国积木

清末曾有学者认为玩积木是儿童“智育之始基”。此件为传统西洋积木，有各种几何形状的木构件，可发挥想象力搭接成不同形状的“建筑”。

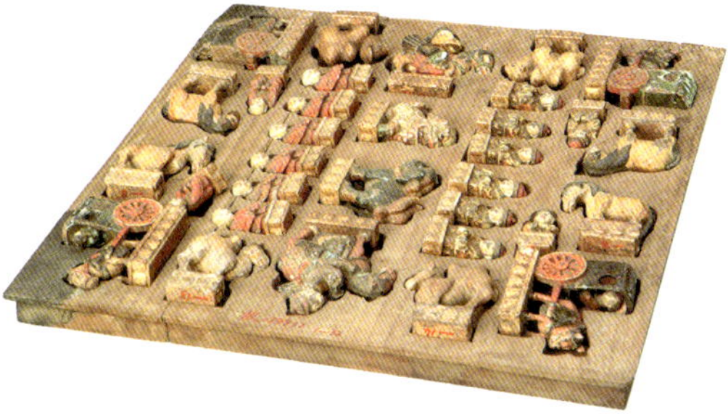

蒙古象棋

造型、走步与国际象棋相似，传元初传入蒙古。棋子象形无字，共有32枚，其中两将（骑马武士）、两炮（狮子）、四车（马拉车）、四马（立马）、四象（骆驼）、十六兵卒（端坐小人）。蒙古象棋的走法为车兵直行、象马横行，众棋还击敌将，令其无路可走取胜。蒙古象棋在清宫盛行应与满族的骑射本色相适，传道光皇帝就很喜下蒙古象棋，常与蒙古额附和大臣对弈。

Meccano牌金属插件组合玩具

摆搭时需要用螺丝钉拧紧，可以组成各类建筑、几何体，甚至轮船、汽车等。是存续至今的百年玩具品牌，1898年由英国人弗兰克·霍恩比发明，1907年以Meccano为名推广，产地在法国加来。

英国彩色“积木”

此件与传统积木稍有差别，所有积木均为形状大小相等的正方体，六面皆有相关联的彩绘图案，玩起来更像是一种立体拼图。

动物纸牌
纸牌游戏，牌面图案皆为动物如蜜蜂、喜鹊、鹦鹉、马、牛等，同样图案有两张，一张图案旁标注文字讲述牌面动物特点，一张仅有图案无文字，游戏时以无字牌成功对应有字牌即赢。这种牌戏看似简单，但近 50 种图像加上文字，玩起来很能锻炼小皇子小公主们的记忆力。

威尔斯烟草公司淑女扑克
扑克源自英文名称的“Poker”，属于智力游戏，在 19 世纪中期传入中国。此套上印维多利亚时期英国淑女形象，反映了当时英国女性发式、穿着等潮流时尚。共 52 张，无大小王，有英国帝国烟草公司前身威尔斯烟草公司的标识。逊帝溥仪和他的妻子婉容等人对西式生活的追求与认同可从这小小扑克牌中略见一斑。

小伙伴

泥质小玩偶在中国各代儿童中风行渊源有自，取自廉价黏土，采用手工，方便易得，且小巧可人（故宫现藏泥质偶人多不超 10 厘米）、颜色鲜艳，造型呈各种人物、动物甚至小型建筑，便于抓握玩耍又有故事。从清宫旧藏遗存可知，这些泥偶人同样深得皇家儿童的喜爱。其中泥戏人表现突出，不但制作精良，数量也有几十件之多。清代宫廷娱乐生活离不开戏，尤其清朝

泥戏人偶

左二穿黄马褂戴红风帽的老生（高 12.5 厘米），可能模仿自《四郎探母》杨延辉，左三执双锤的花脸（高 15 厘米），可能是《薛家将》里的薛奎，左一着绿褶子戴桥梁巾的花脸（高 10 厘米），典型英雄扮相，应为戏曲里绿林中人，右一为着黄袍戴蛐蛐罩的武丑（高 11 厘米）。

晚期咸丰皇帝与慈禧对戏曲痴迷，宫中戏曲泥人收藏丰富与之不无关系。这些人物刻画细腻，多模仿舞台角色，在当时应都与真实戏出一一对应，其制作者也必是懂戏之人。玩具藏品中另有各式明显具有现代感和西洋风的木偶。

清代作为中国最后一个专制王朝，其宫廷的娱乐生活也体现了时代的特色，反映在玩具上，民间与皇家杂糅，传统与外来交融，却也正是现实的写照。（万秀峰）

带弹簧泥人偶

骑马泥人

刘海戏蟾泥人

戏曲棕人
脸为泥质，
行头打扮等为纸质。

两件傀儡戏人
头为泥质。《我的前半生》中
曾提到太监为溥仪演木偶戏。

木质滑稽小丑人偶

外国风格泥质人偶
人物形象具俄罗斯风格。

木板人偶

塑料不倒翁

泥动物玩偶（羊、象、豹）

铜钱编小狮子玩偶

动物木偶（骆驼、羊）
18 世纪末 19 世纪初，
德国率先生产出带有关节的杂技玩偶，
这两件属较简单的关节玩具，具体产地
已不可考。

小木走兽

八方向化
九土来王

鸟音笼、写字人、魔术人

清宫的机械玩具

机械玩具是清宫玩具中极富特点的一种。这类玩具以发条为动力，通过齿轮驱动，凭借机械的手段，模拟人的动作（如写字、行走、表演魔术、跳舞、吸烟、扇扇等），表现小鸟轻舞羽翼、婉转鸣啼，走兽的复杂动作……为宫中生活平添不少乐趣。宣统皇帝溥仪在其居住的养心殿就摆设有各种机械玩具。

据档案的记载，清宫收藏或制造的机械玩具精妙无比，令人大开眼界。乾隆二十九年（1764 年），西洋某国曾进 18 个机械伶人，伶人周身为铜铸，高约一尺，“心腹肾肠皆用关键凑结”，这 18 个铜人能演整部《西厢记》。开场前，插钥匙上弦启动，“张生”“莺莺”“红娘”“惠明”“法聪”等人，便从箱子里走出，可据剧情所需变换行头。其身段交接、揖进退让皆活灵活现。演完一出戏，伶人还可自行脱掉行头躺回箱中，下次出场再自行起立。另乾隆五十五年（1790 年），乾隆皇帝八旬万寿时，两广总督福康安进奉的贺礼中，有一件机械玩具别具匠心。乍看是一个楠木匣，打开木匣后却是一个小屋，屋内放置屏风，屏风前的几案上摆放笔墨纸砚。控制人物动作的机械装置隐藏在几案下。玩具开动后，从屏风右侧走出一位身高一尺左右的西洋少女，徐徐拂去几案上的灰尘，在砚台内注水研墨，接着从架上取出一张红纸铺到几案上。一虬髯客再从屏风左侧走至案前，持笔书写“万寿无疆”（满、汉两种文字）。写毕放笔，仍旧返回屏风之后。少女再从容地把笔砚放回原位，

清 木质亭式鸟音笼
故宫博物院藏

清　长方嵌石镀金座鸟音笼
故宫博物院藏

关门退出。这件玩具原本只能写汉字，福康安认为如果能将“万寿无疆”写成满、汉两种文字效果更佳，负责制作此件玩具的院吏遂通宵达旦苦思冥想，对机械机构重新改造，满足了福康安的要求。以上两件机械玩具或是外国馈赠或是臣工进献。但就清宫玩具的来源而言，清宫造办处自主制造是主要途径之一。

《清宫内务府造办处各作成做活计清档》表明，雍正时期在宫中供职的西洋传教士已经开始制造机械玩具。雍正时期，机械玩具有“自行虎”“自鸣鼓”两种。自行虎制作精细，外表以真皮包裹，形态逼真，行动自如。自行虎曾陈设在御苑之中，供皇帝随时赏玩，需要修理时，就由管理园囿、河道机构的奉宸苑官员咨行相关部门处理。与自行虎一样，自鸣鼓也是以发条为动力源的自动机械玩具。上紧发条后，可以发出有节奏的击鼓声。

与雍正朝相比，乾隆朝制作的机械玩具数量骤增，种类更加多样。主要有如下几种：

自行虎、自行狮：乾隆时期制作的自行虎、自行狮能自行三四十步，其中的一只狮子更神奇，“能行百步，与生者无异”。

自行鹅、自行船：除地面行走的动物外，清宫做钟处也制作了在水中游动的自行鹅、能前行的自行船。

自行人：手捧物品行走的自行人是乾隆帝喜爱的玩具之一。西洋传教士席澄源（Adeodat）最初尝试制作过两件单自行人，

机械小鸟

表盘

鸟笼局部装饰

发条钥匙
（上有“London 1783”等字样）

鸟食罐

清　铜镀金嵌表四方跳杠鸟音笼
高 71 厘米　边长 39 厘米
故宫博物院藏

清　戏曲翻顶机械人
故宫博物院藏

这引起乾隆帝的兴致，于乾隆二十八年（1763 年）五月令席澄源照以前做过的自行人样子再做双自行人一件。双自行人的制作难度相当高，直到三十三年（1768 年）正月仍未做成。这个课题由后继者汪达洪（Jean Mathieu de Ventavon）来承接。乾隆三十四年（1769 年）正月二十七日，汪达洪设计了手捧万年青行走的双自行人样稿，乾隆帝过目后满意并准做。汪达洪在写往欧洲的信中对这件双自行人做过介绍："我奉命造两个捧着花瓶会走路的机器人，我已为此工作了八个月，还需要一年的时间才能完成。"在制作自行人的同时，传教士们心中五味杂陈，一方面希望顺利完成任务，使皇帝龙颜大悦，从而谋求教务之发展；另一方面，又担忧乾隆帝提出新的要求，认为传教士既然能让人偶行走，肯定也有办法让它说话——而这对传教士而言却是不可能完成的任务。

写字人：从现有的文献档案来看，清宫曾拥有不少写字人和写字人钟。据《中西交通史》记载，乾隆三十五年（1770年）英国人威廉森（Williamson）所制造的能书“八方向化，九土来王”的机械人出现在清宫中，这可能是清宫中的第一件写字机械人。此后，乾隆帝对写字人的兴致与日俱增，不断命清宫做钟处或如意馆制造，而且还不断令做钟处对其中的一些加以改造，使其除汉字外还能写满、蒙等多种文字。而写字人所书写的语句包括“八方向化，九土来王”，“万寿无疆”，“天下太平”等，文种则囊括满、汉、蒙、藏。

清宫制作和收藏的写字人和写字人钟实物，除一件之外皆已踪迹难觅。硕果仅存的这件写字人钟，如今陈列在故宫博物院钟表馆内。其设计复杂精妙令人嗟叹。钟高达两米多，底约80厘米见方。造型为铜镀金四层楼阁。底层的写字机械人，是此钟最精彩、结构最繁复的部分，它与计时部分的机械不相连，是一套独立设置，只需上弦开动即可演示。写字机械人为欧洲绅士模样，单腿跪地，一手扶案，一手握毛笔，开动前须将毛笔蘸好墨汁，再启开关，写字人便能在面前的纸上写下“八方向化，九土来王”八个汉字，字迹工整有神；写字的同时，机

清乾隆　铜镀金写字人钟　高 132 厘米　长 84 厘米　宽 75 厘米
故宫博物院藏

清　木亭式小八音盒
长 16 厘米　宽 19 厘米　高 30 厘米　故宫博物院藏

械人的头还可左右稍动以使“视线”随文字移动。

尽管文献中留下了不少清宫收藏、制作机械玩具的相关记载，但清代早、中期机械玩具遗存少，只有作为钟表上附带活动玩意儿装置的写字人、机械鸟、魔术人偶完整保留。

故宫博物院庋藏的机械玩具主要有机械人偶、鸟音笼、八音盒等几类。其中机械人偶姿态多样，有童子戏羊机械人、弹琴机械人、吹箫机械人、弹琵琶机械人、跳舞机械人、弹琴耍盘机械人、翻顶机械人、吸烟照镜机械人、戏猫机械人、击鼓戏熊机械人、持枪吸烟机械人、自行喊话机械人，以及各种变

清　机械舞蹈人小八音盒及局部

长 28 厘米　宽 49 厘米　高 22 厘米

故宫博物院藏

盒盖内标识有英文曲名，似为中文曲目的英语音译。

魔术机械人，这些人偶在音乐伴奏下，可表演魔术、杂耍、弹琴、吹箫、跳舞、吸烟等动作。大多是 19 世纪末 20 世纪初由法国制造。实物机械人偶中数量最多的是魔术机械人偶，清宫遗存有不同时期、各种装扮、年龄各异的数件变魔术机械人偶，其中以 1892 年瑞士生产的铜镀金鸟音魔术人钟最为精彩，把钟表、鸟音、活动机械人功能三合为一，表演复杂炫目，令人拍案。

机械玩具在动感和音乐等方面具有中国传统玩具无法比拟的优势，这不但吸引了雍正、乾隆这样的成年皇帝，更能引起少年天子的兴趣。曾在中国生活过很长时间的何德兰这样描述光绪皇帝对机械玩具的兴趣："外国玩具中有一些是藏了发条的，它似乎一下子就使死的东西活了起来。旋紧发条，他们会自己动。……这些奇异的玩具不仅让小皇帝开了

清　铜镀金嵌珠珐琅鸟音瓶式表
通高 15.6 厘米　宽 6.3 厘米
故宫博物院藏
为英国制造，鸟音瓶式，外壳珐琅与嵌工极精美。1934 年《故宫周刊》第 333 期曾发表此件并有"瑞士制，1800 年贡品"等记录。

眼，也叫太监们开了眼，他们跑去买来更奇异、更复杂的玩具。没过多久，那位东郊民巷的丹麦商人就开始怂恿欧洲的玩具厂专门为这位小皇帝设计制作玩具，这些玩具不仅包括真正的八音盒，还有火车、轮船、自鸣钟……”（何德兰《慈禧与光绪——中国宫廷中的生存游戏》）作为重要的科技史资料，机械玩具在清宫中的历程与钟表是一致的。囿于条件限制，机械玩具深藏宫中不为外人所知，希望随着研究的深入与开放，清宫机械玩具将会被更多人熟知，以上仅撷展其中小部分以飨读者。（关雪玲）

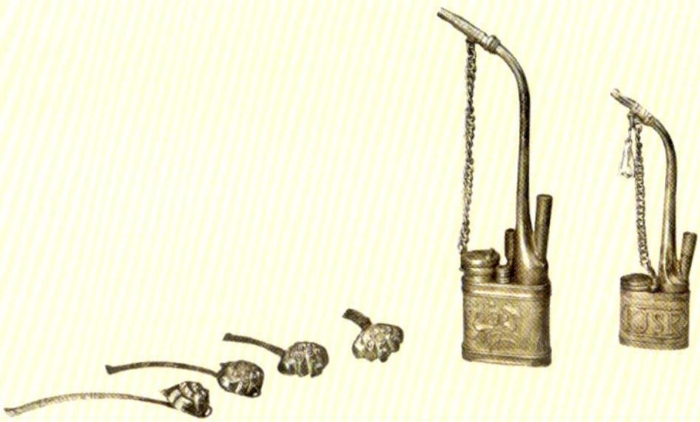

皇帝的小玩意

清宫中的“百什件”

在清代宫廷遗留的林林总总的珍贵文物中，有一类被当时档案称作“百什件”的最为特别而引人关注。百什件，又常写成“百拾件”“百事件”“百式件”等，用字容有差别，意思却没有抵牾，都是极言其多、其杂、其琐细。从实物来看，这类文物一般都是在一个四四方方、体积不大的箱匣内，进行精巧的设计，令箱中套盒，盒中安屉，屉中分格，每格贮珍玩（或精致的实用小物）一件。这样的一箱中，少者可纳入数件、十数件，多者达到数百件，各安其位，各得其所。珍玩的类别有单一者，如全为玉器；但绝大多数情况是各种材质兼有，书画卷轴、册页、玉器、瓷器、铜器、珐琅、漆器、竹刻、木雕、象牙、匏器等，琳琅满目，不一而足。从器型来说，则不单有带功能性的碗、盘、瓶、盒，也有各种文具及水丞、砚滴、臂搁等文房用器，还有戒指、扇坠、怀表等饰品，更有不少纯粹的陈设和玩物。而器物的制作年代和地域，则涵纳古今、包罗中西，既有新石器时代的古玉、三代的青铜器，也不乏当其时代的时作工艺品，连西洋的钟表和画珐琅、东洋的莳绘也点缀其间。这些精粹的集锦、瑰宝的拼盘，几乎算得上是清宫收藏的一个缩影。

“百什件”原本只是对那些庞杂不一的珍玩的统称，后来则径直用作它们合成一体后的专名。应该说，百什件的意义还不在于创造了新的文物品类，而在于体现了一种独到的鉴藏理念和创造性的空间结构方式。

如果要追溯百什件的工艺传统，可以远绍至湖南长沙马王堆一号汉墓出土的双层九子奁盒，有的学者更指出湖北荆门包山战国楚墓出土的漆盒，内分六格，分别放置耳杯、方壶和方盘，严丝合缝，结构合理，已具雏形。不过，对百什件设计产生直接影响的还是晚明士人所开创的便携文具匣式样。高濂在《遵生八笺》卷八里记载了一款“备具匣”（屠隆《考槃余事》卷四“游

清中期　金漆多宝盒
故宫博物院藏
盒用金漆莳绘工艺装饰，或是由日本船来之物。其内收贮有水晶花口盘、彩瓷酒盅、玛瑙单耳杯、白玉葫芦形小洗、骨雕鸡纹八角盒、珐琅嵌玛瑙小盒、各式玉玩及《玉保临天冠山帖》小册页、《那彦成临董其昌帖》、对数表等。

具笺”中所载与之几乎相同），用来“携之山游”，“以轻木为之，外加皮包厚漆如拜匣，高七寸，阔八寸，长一尺四寸。中作一替，上浅下深，置小梳匣一、茶盏四、骰盆一、香炉一、香盒一、茶盒一、匙箸瓶一。上替内小砚一、墨一、笔二、小水注一、水洗一、图书小匣一、骨牌匣一、骰子枚马盒一、香炭饼匣一、途利文具匣一（内藏裁刀、锥子、挖耳、挑牙、消息、肉叉、修指甲刀锉、发刷等件）、酒牌一、诗韵牌一、诗筒一（内藏

清　成套文玩一屉
故宫博物院藏
可见屉内空间与每件器物几乎严丝合缝，收贮包括《彭元瑞临蔡襄帖》小卷轴、《王杰临帖》小册页、董诰山水小册页、青玉桃、青玉双獾、青玉双童、青玉弦纹洗、寿山石印盒、白地套红料花蝶纹烟壶、虬角火镰盒等。

红叶各笺以录诗)。下藏梳具匣者,以便山宿。外用关锁以启闭”。内中物品尚以实用为主,相较之下,文震亨在《长物志》“文具”条内所载则多为文人宝玩之物。其匣内共分“三格一替，替中置小端砚一、笔觇一、书册一、小砚山一、宣德墨一、倭漆墨匣一；首格置玉秘阁一、古玉或铜镇纸一、宾铁古刀大小各一、古玉柄棕帚一、笔船一、高丽笔二枝；次格古铜水盂一、糊斗蜡斗各一、古铜水杓一、青绿鎏金小洗一；下格稍高，置小宣

清　成套文玩锦匣

故宫博物院藏

收贮百什件有碧玉虎、《弘旿画山水》小册页、白玉章料、玉舞人、仿广窑瓷梅瓶、水晶螭虎章料等。匣侧设暗格，内置汪承霈画小手卷。

铜彝炉一、宋剔合一、倭漆小撞、白定或五色定小合各一、矮小花尊或小觯一、图书匣一（中藏古玉印池、古玉印、鎏金印绝佳者数方）、倭漆小梳匣一（中置玳瑁小梳及古玉盘匜等器）、古犀玉小盃二”。他还特别强调了“古玩中有精雅者，皆可入之以供玩赏”。这与后世百什件的物品组合思路已非常接近。

不过，清宫百什件远比上述晚明文人的描述来得繁复、精密，其在内廷陈设中的地位也极为重要，几乎皇帝日常居处的宫室内都能见到它们的身影。其中，大中型的百什件往往以殿阁为名，如静怡轩四美具百什件、敬胜斋百什件，中小型的则再冠以典雅的专名，如“集琼藻”“璆琳笥”“琼瑶薮”“瑾瑜匣”“珣琪宇”“翠珍笥”“琬琰集”“蓝田集瑞”“天府球琳”等。除了放置于紫禁城内，在行宫及驻跸之地也都保存有百什件，甚至在出行途中也要随身携带诸如“出外百什件桌子”之类。由于内中珍玩数量众多，且位置固定，所以每件百什件均随“细目折”，登记方位、品名等信息。如漱芳斋西间蓝田集瑞百什件，全为玉器，匣内分十屉，以甲乙丙丁排序，一一列明；静怡轩四美具百什件内屉格较多，则以千字文编号，自“天”直到“阳”字，也笔笔清晰。

清宫百什件的制作热，当然与帝王的好尚与亲身参与密不可分。据《清宫内务府造办处各作成做活计清档》所载，雍正元年（1723 年）正月二十七日世宗传旨“将养心殿原陈设的百事（什）件持来朕看”。其中一件康熙五十七年（1718 年）正月初八日交给造办处收着的锦匣内，盛百什件一份，共计 188 件。可见，至少在康熙晚期，宫中已开始百什件的设计与陈设。而到了乾隆时，由于高宗的热衷，百什件更在宫廷造作体系中具有了无可替代的地位。特别是在执政初年，高宗万机余暇的休闲之一，就是审看新做的百什件。乾隆九年（1744 年）

清　紫檀雕书画屏式小多宝格
高 19.2 厘米　长 21 厘米　宽 13 厘米
故宫博物院藏
合拢外观呈长方形，每面均如屏风相联式样，纵面四扇，横面两扇，共十二扇。上部贴裱钱维诚书画作品，书法纵面为柳宗元《石渠记》，横面为段文昌《平都观记》，分别与山水画相间布排。横面一侧装有合页，向两侧推开，即分为两爿，其内成多宝格状，可以收贮文玩，设计巧妙。

清　紫檀雕书画屏式小多宝格

他曾传旨："将现做的百什件，逢五、逢十预备呈览，如月小则二十九日看。"五天一审，足见重视。不但如此，他还亲自过问设计、制作的全过程。如"瑾瑜匣"百什件，从乾隆三年（1738 年）三月二十九"匣作"中记其定名开始，直到十三年（1748 年）八月十日还在调整，高宗着隶属如意馆的宫廷画师余省为其内紫檀木小格画扇面式画。历时十年，反复修改，务求精益求精。有时，高宗甚至亲自动手安排百什件内的器物布局，享受设计的过程，乐在其中。如"琳琅笥"百什件，共贮

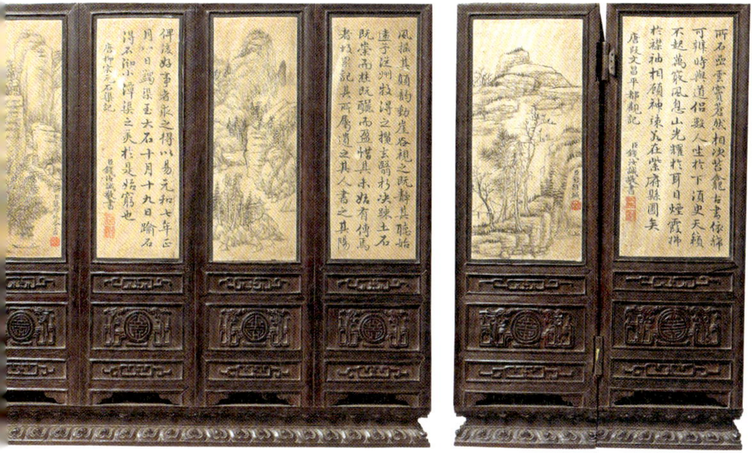

玉器 498 件，他将位置摆好后，特意传旨："照朕摆的样款换木胎落槽，不可错乱。"而能够帮他实现设想的好手匠人，也得到宠爱。来自嘉定的牙匠封岐，在雍正年间地位不高，但到乾隆初年却一跃成为最受信任的工匠之一，其标志就包括乾隆六年（1741 年）六月十七日指定他为一件"出外百什件"成做石质香盘。到了乾隆二十一年至三十三年（1756 年 ~ 1768 年），活计档中出现专门以"百什件"为纲目汇集各种相关情况的记录，可见当时这类器物的设计和制作依然十分频繁。

清　木雕云鹤纹文具匣
故宫博物院藏
内贮铜荷叶形小洗、铜羊式小水丞、铜卷书式小水丞、铜砚滴、石山子笔架、斑竹管紫毫笔（两只）、紫石云纹砚、铁镶铜螭纹镇纸。

让人感到好奇的还有，百什件是经过怎样的组合程序，才能将物品和容器处理得如此天衣无缝、若合符节。是先选择珍玩，还是先结构空间？答案是这二者本就是一而二、二而一的过程。在一个主题之下，先汇集一批器物，构成百什件的主体，同时考虑布局与构成，经过对每一件备选器物进行整修、配座或包装后，开始进行内部空间的设计。而多余出来的空当，解决的办法是按其大小再次选择物品，或者干脆新做。某些微缩的画卷、册页等，正是为了这个要求而特制的。

1. 铜荷叶小洗　2. 铜卷书式小水丞　3. 铜羊式小水丞
4. 铜砚滴　5. 铁镶铜螭纹镇纸　6. 石山子笔架

还要提及的是为人熟知的“多宝格”“宝贝格”“博古格”及“万宝箱”等名与“百什件”之间有何关系。要知道，这些词语的内涵和外延都是动态的，需要在具体语境中具体分析。总的来说，“百什件”所指更广，有时可以涵盖前述各名，但有时又有所区别，甚至有等级的差异。例如乾隆三年（1738年）正月四日高宗传旨：“将上等古铜图章六十八方入‘多宝格’……再将次等古铜图章二十方入‘万宝箱’。”又如乾隆六年（1741年）十二月初一日传旨着认看一件汝釉小花插，“入得‘多宝格’入不得”。第二天经方西华判断，“系头等，入得‘多宝格’”。而乾隆九年（1744 年）十一月二十日杨起云认看“瑾瑜匣”百什件内的定窑瓜式壶，杨认为是好的，可以入“多宝格”，但到次年正月初五日七品首领萨木哈再次认看，定为平常之物，入不得“多宝格”，于是高宗传旨：

清　紫漆描金双鹤纹文具匣
故宫博物院藏
内贮象牙尺、描金八宝云蝠纹长方墨、银嵌铜梅花纹砚滴、白玉夔纹长方佩（附金漆莳绘小盒）、竹管“惟精惟一”紫毫笔、漆砂瓶式小砚、描金云蝠龙纹朱墨、掐丝珐琅镇纸、掐丝珐琅仿圈、铜柄剪刀、青玉山式笔架等。

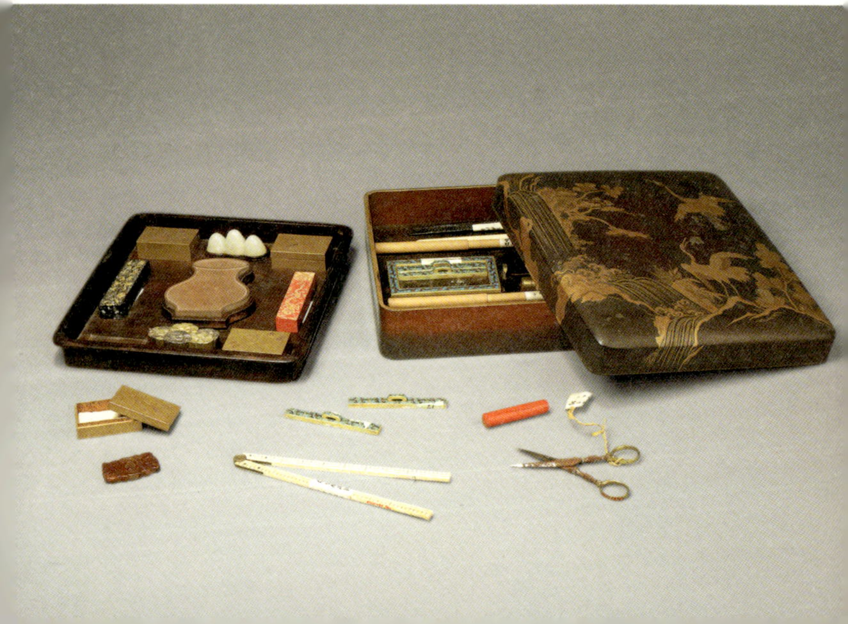

“既入不得多宝格，仍入百什件。”从这几条记录里看，似乎“多宝格”“万宝箱”“百什件”确有高下之别。然而，尚不能肯定的是，它们所指代的是类称抑或特定之器物？倘若是普遍情况，那么是否意味着“多宝格”为架格式陈设，不藏诸容器内，故而对所陈物件的品级要求更高？

1.“惟精惟一”紫毫笔
2.象牙尺
3.白玉夔纹长方佩
4.银嵌铜梅花纹砚滴

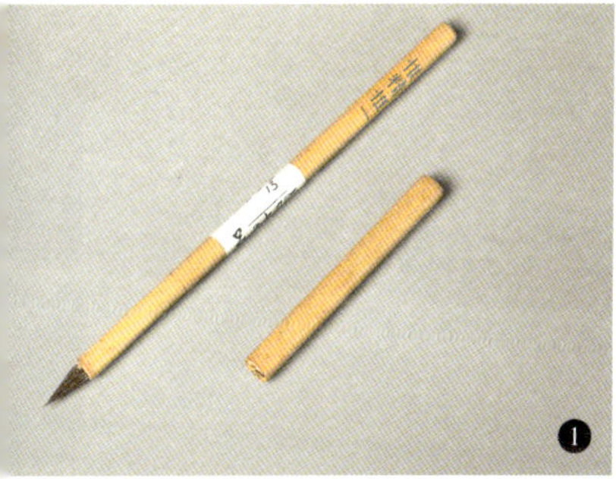

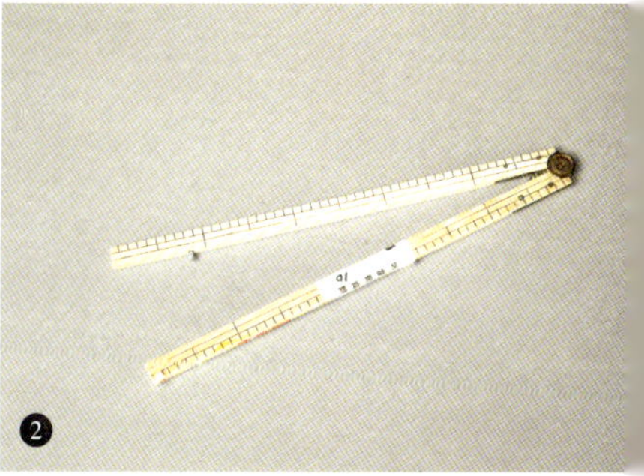

清　紫檀木便携文具箱

故宫博物院藏

此箱展开后可为桌子，桌腿折叠于边槽内，其形制符合《活计档》中对“出外折叠百什件桌子”等便携式百什件容器的描述。其内分两格，每格内再放两层屉盒，共贮文玩64件，包括银质成套绘图器，“乾隆年制”款铜螭纹镇纸，“雍正年制”款画珐琅岁岁平安图鼻烟壶，银胎画珐琅西洋人物图小盒，“乾隆年制”款掐丝珐琅勾莲纹炉、瓶、盒，“宣德年制”款小铜罐，木柄白玉推胸，铜镀金镂空花盖小方盒，木框镜，玉瓦钮章料，发晶兽钮章料，“大明宣德年制”款青花小瓷兽，《周鲲山水册》，染骨双陆棋子（附棋盒），“大清乾隆年制”款掐丝珐琅骰子盒，染骨把小鬃刷，紫漆描金小方套盒，填漆椭圆盒等。

❶

❷

❸

❹

❺

❻

❼

最后，我们不妨根据实物与档案简单概括清宫百什件的特点。其一，它建立在皇室收藏的基础上，依托宫廷造作的强大体系，服务于皇家陈设的要求，反映了帝王的好恶与审美，是宫廷工艺具体而微的代表；其二，它体现的是一种成熟的鉴藏理念，每一件珍玩都须经过筛选、分类、定级，有时还召集术业有专攻的臣僚、艺匠，对其进行初步研究与考证；其三，它将功能性与欣赏性融合无间，利于收贮、便于携带始终是其设计的第一要义，器物间要保有足够的空隙，不影响放置、拿取，匣、屉的启闭开合，每一格按照器物轮廓挖出的凹槽，使其稳定在自己的位置上，移动过程中不会出现碰撞、倾覆、损伤，这是对合格的百什件设计的最基本要求；其四，淡化了具体器物的功能，以及或古董或时作的性质，在经过一番创造性的组合后，不仅获得了单件器物所不可能有的视觉效果，更令器物间产生了新的关系，从而赋予其新的意义；其五，百什件本质上是空间分割的艺术，打开后纵横高低、参差错落的结构，与合拢后规矩的外形，实际上体现了藏巧于朴的传统思想，只不过这里的“朴”是相对而言罢了；

1. 填漆椭圆盒　2. 染骨双陆棋子　3. 染骨把小鬃刷
4. “乾隆年制”款铜螭纹镇纸　5. 铜镀金镂空花盖小方盒
6. “宣德年制”款小铜罐　7. 紫漆描金小方套盒

1.“雍正年制”款画珐琅鼻烟壶　2.银质成套绘图器

3.“大明宣德年制”款青花小瓷兽　4.银胎画珐琅西洋人物图小盒

5.发晶兽钮章料　6.《周鲲山水册》

“乾隆年制”款掐丝珐琅勾莲纹炉、瓶、盒

其六，百什件还反映出一种游戏性和趣味性，在层层叠叠的格屉间暗蕴玄机，如同小儿捉迷藏般，在不断的开合之间，让人领略到寻找带来的惊喜。还有一些物件明明就在眼前，可是找不到机关就打不开摸不着，就像玩具一样，有解谜的乐趣。更何况对于皇帝来说，亲身参与设计的过程，那种创造的快感，也是别的活动所代替不了的吧。（刘岳）

图书在版编目（CIP）数据

天子的游戏/ 程子衿主编. - 北京 :故宫出版社，2016.8（2018.6重印）
（紫禁城悦读）
ISBN 978-7-5134-0890-5

Ⅰ. ①天… Ⅱ. ①程… Ⅲ. ①宫廷 - 文娱活动 - 中国 - 明清时代 Ⅳ. ①K248.09

中国版本图书馆CIP数据核字（2016）第180291号

紫禁城悦读 · 天子的游戏
程子衿◎主编

出 版 人：王亚民
责任编辑：刘　茵　伍容萱
装帧设计：王　梓
出版发行：故宫出版社
地址：北京市东城区景山前街4号　邮编：100009
电话：010-85007808　010-85007816　传真：010-65129479
网址：www.culturefc.cn　邮箱：ggcb@culturefc.cn
印　　刷：北京启航东方印刷有限公司
开　　本：787毫米 × 1092毫米　1/36
字　　数：100千字
印　　张：5
版　　次：2016年8月第1版
2018年6月第2次印刷
印　　数：5001 ~ 11000册
书　　号：ISBN 978-7-5134-0890-5
定　　价：36.00元